JAPONÉS PRÁCTICO PARA TURISTAS

KIRA SENSEI

CONTENIDO

SECCIÓN 1 JAPÓNES BÁSICO

SECCIÓN 2 JAPONÉS EN SITUACIONES

ARIGATÓ!

Dedico este manual a todos mis seguidores, los más apasionados, que me preguntan con tanta sed de conocimiento por contenido práctico y funcional. Este libro representa la síntesis de toda mi experiencia en Japón y la respuesta a todas las peticiones. ¡Gracias por exigirme tanto!

SECCIÓN 1
JAPÓNES BÁSICO

INTRODUCCIÓN

Así que te has animado a visitar Japón y te gustaría hablar mínimamente en japonés pero te echan para atrás esos libros y recetarios
de frases tan pesados. Al final terminas comunicándote con gestos y
alguna que otra palabra suelta.

En este manual encontrarás las expresiones más básicas y útiles
para disfrutar al máximo de tu viaje en Japón hablando en japonés.
Te sorprenderá lo poco que necesitas para hacerte entender y lo
sencillo que es de aprender.

Este manual representa la síntesis de toda mi experiencia en Japón como turista, estudiante, empleado y autónomo en los 13 años de residencia en Japón. Todo el japonés que aquí ves es el que yo uso en todos los contextos pero simplificado para que puedas hacerte entender con lo mínimo, manteniendo una expresión natural.

Aprovecha tu viaje para aprender un poco de la cultura del trato al cliente y siente el poder de interactuar en una lengua tan interesante y diferente como es el japonés. Puede que después de tu viaje te animes a estudiarlo formalmente.

/ DAIYÓOBU DES ! /
¡Tú puedes!

/ DAIYÓOBU! . "¡Tú puedes!"

MÉTODO DE ESTUDIO

Cualquier aprendizaje requiere cierto esfuerzo. Las expresiones que vas a aprender son muy sencillas y las usarás constantemente. Recuerda que requieren de ti el esfuerzo de escuchar (o ver) los tutoriales (unas 2 horas) y, a lo largo de la semana, dedicar todos los días unos minutos para repasar el contenido tal y como te explico en detalle más abajo.

Todo aprendizaje necesita de un mínimo de memorización y repetición (repaso) para anclar el contenido en la memoria y ser capaz de evocarlo cuando llegue el momento. Lo entiendes, pero si no repasas, luego no lo aprendes, y luego no lo podrás usar.

Las expresiones enseñadas en este manual son muy sencillas y puede que mi estudiante se lleve la impresión de que no hace falta mucho repaso. Pero llegado el momento de usarlo, el nerviosismo, la novedad, la excitación, harán que te arrepientas de no haber dedicado unos minutos más en varios días.

No necesitas haber estudiado previamente japonés ni tampoco te voy a pedir que memorices caracteres chinos.

Recuerda. Tan solo dedícale 2 horas en máximo estado de concentración, seguido de esos minutos diarios para repasar durante una semana. Con eso será suficiente.

Accede a la web www.kira-teachings.com o guglea "Kira Sensei turismo" para encontrar la web y lecciones de este manual.

CÓMO DOMINAR EL CONTENIDO DE ESTA GUÍA ········

El japonés es un idioma difícil, con un sistema honorífico complejo, con dos silabarios básicos de 46 caracteres y un alfabeto que cuenta con más de 2136 ideogramas con significado propio (los kanji). Como puedes imaginar, sería difícil aprender todo ese contenido y encima hablarlo con soltura en poco tiempo. Eso te podría llevar hasta dos años de estudio intensivo.

Sin embargo, el turista puede prescindir del japonés honorífico, de los silabarios y de tanto ideograma. Con la gramática y vocabulario básicos podrás comunicarte en comercios y conocer a gente.

El volumen de contenido que necesitas para comunicarte efectivamente en tu viaje es muy poco, no más de 50 palabras. Se puede aprender en 5 a 6 horas espaciadas en una sola semana.

Nos centraremos en memorizar un número limitado de expresiones y entender el contexto en el que se usan. Combinamos memoria y visualización de contenido práctico. No aprenderás más de lo estrictamente necesario. Te lo prometo.

50 palabras

5 o 6 horas

1 semana

Sin kanjis

ESTRUCTURA DEL LIBRO

Este manual está dividido en dos secciones:

- Sección 1: Expresiones básicas

- Sección 2: Japonés en situaciones

La primera sección del libro está dedicada a aprender las expresiones más básicas sin un contexto. Aprenderás los saludos, los números, a agradecer, despedirse, etc. Es decir, lo más básico que aprenderías en las primeras lecciones en un curso de japonés.

En la segunda sección encontrarás las situaciones prácticas en las que usarás el japonés de la primera sección. Aprenderás a sacarle jugo a las expresiones básicas. Las verás una y otra vez aplicadas con ejercicios para que te prepares a usarlas en tu viaje.

Solo recuerda empezar el libro por la primera sección.

1. ESTUDIO Y MEMORIZACIÓN

2. PUESTA EN PRÁCTICA (SITUACIONES)

PLANIFICA EL ESTUDIO DE ESTA SEMANA

Todo estudio empieza con una planificación previa y clara de qué conseguir y en cuánto tiempo. Decide primero qué método de los siguientes vas a usar para aprender y busca un momento en tu día para dedicar de 2 a 3 horas exclusivamente a aprender el contenido.

Evita dedicarle hoy 5 horas para luego no dedicarle ni media hora durante la semana. Tienes disponibles los siguientes recursos para acceder al curso:

- Sigue las lecciones en la web de Kira-Teachings.com
- Suscríbete al podcast en Spotify o iTunes
- Suscríbete al canal de YouTube y guarda la lista de reproducción.

Olvídate de esas pesadas guías que compilan cientos y miles de expresiones. Conmigo aprenderás lo más útil, lo más básico y lo más usado en poco tiempo.

Lee, escucha y estudia

EL PLAN DE ESTUDIO PROPUESTO

Lograrás el objetivo de hablar con soltura pasando por lo siguiente en esta semana:

- 2 horas de visionado de videos para ver todo el contenido más importante.
- De 60 a 90 min de estudio de este manual (memorización y repaso).
- 5 días dedicando de 15 a 20 minutos a repasar y practicar lo aprendido.

Es importante que aprendas todo en una misma semana. Evita el estudio de forma espaciada a lo largo de un mes y, especialmente, evita también dedicarle únicamente tiempo en tus ratos libres de ida y vuelta del trabajo o la escuela, esperando el autobús o mientras juegas online.

2 horas en la primera sesión de estudio en un estado de concentración son más efectivas que esas 2 horas en tiempos muertos.

Usa esos tiempos muertos para recordar lo aprendido y evita usar esos tiempos para estudiar contenido nuevo.

El plan de tu siguiente semana podría ser así:

- **LUNES**: 2 horas de libro, vídeos o podcast de 21:30 a 23:30.
- **MARTES**: 1 hora de estudio con el libro y vocabulario de 14:00 a 15:00 después de comer.
- **MIÉRCOLES**: 1 hora de repaso y práctica con vídeos y listas de vocabulario de 23:00 a 00:00 antes de dormir.
- **DE JUEVES A DOMINGO**: 15 minutos de repaso de las expresiones estudiadas de 8:00 a 8:20.

Planifica tu semana y prepárate para aprender japonés esta semana.

1.1 QUÉ ES EL JAPONÉS IMPRESCINDIBLE

Hay ciertas funciones en todo idioma que uno no puede evitar:

- Saludar y despedirse
- Afirmar o negar algo
- Agradecer y disculparse
- Preguntas básicas con "dónde" y "qué"
- Los números del 1 al 10

El requisito para entrar con confianza en cada situación específica en la segunda sección de este manual es que te familiarices primero con las formas básicas de saludar, despedirse, preguntar, agradecer y comprender los números en japonés.

En este curso evitamos matizar la pronunciación más allá de lo comprensible y dejamos de lado el japonés escrito (caracteres chinos). Nos centramos en la comunicación oral basada en pedir cosas en cada uno de los servicios y situaciones en las que te verás como turista (comercios, restaurantes, hoteles, bares, etc.).

Empecemos con dos ejercicios de calentamiento. Seguro que te sorprendes de lo mucho que ya sabes en japonés.

¿QUÉ JAPONÉS SABES YA?

Piensa y reflexiona en voz alta durante uno o dos minutos las siguientes preguntas. Es importante que lo hagas en voz alta. Es una forma de estimular más el pensamiento y activar la memoria previa.

- ¿Qué le dirías a un amigo que estudia japonés o a un amigo japonés si le vieras por la calle?
- ¿Qué saludos conoces ya en japonés para buenos días u hola?
- ¿Cómo se dice gracias en japonés?
- ¿Hasta qué número sabes contar?

Estoy seguro de que han salido palabras como sayonara, arigato, konnichiwa, o los números ichi, ni y san. Pasemos al ejercicio dos.

GANBARIMAS!
¡MUCHO ÁNIMO!!

/ GANBARIMAS! / "¡Mucho ánimo!"

¿CUÁNTAS PALABRAS RECONOCES?

Observa ahora la tabla de abajo y responde a la pregunta en voz alta:

¿Cuántas de las siguientes palabras y expresiones conoces ya o has escuchado alguna vez? Léelas en voz alta.

/ SÚMIMASÉN /	/ KON,NICHIWA /
/ OHAYÓ GOSAIMAS /	/ KOMBANWA /
/ IRAS,SHAIMASÉ! /	/ ARIGATÓO GOSAIMASHTA ! /
/ SAYÓONARA /	/ SÚMIMASÉN IKURA DES KA ? /
/ DOKO DES KA ? /	/ KOMBINI ARIMAS KA ? /
/ ONEGAI SHIMAS /	/ IKURA DES KA ? /

Te habrás sorprendido del japonés que mínimamente ya eres capaz de reconocer, y de lo fácil también que es pronunciar este idioma para un hispanohablante nativo.

En la siguiente lección aprendemos a pronunciar con una fonetización un tanto peculiar. ¡Prepara las cuerdas vocales que empezamos a hablar!

1.2 PRONUNCIACIÓN

Las transcripciones usadas en este manual no son las mismas que encontrarás en cualquier manual de japonés, sino un tipo de transcripción optimizada para que la pronunciación de tu japonés sea lo más parecido a como se habla normalmente. Te evito así el esfuerzo de aprender formalmente las reglas de pronunciación. ¡De nada!

En este libro encontrarás la transcripción fonética del idioma japonés usando el alfabeto latino, nuestro alfabeto, no el silabario romano (o romaji) en japonés.

SILABARIO KANA: おはようございます！

SILABARIO ROMAJI: OHAYOU GOZAIMA-SU

NUESTRA FONETIZACIÓN: / OHAYÓ GOSAIMAS ! /

Entiendo la extrañeza que mi querido viajero puede sentir con esta fonetización si ya ha tomado previamente lecciones formales de japonés. / OHAYÓ GOSAIMAS ! / se ve un tanto raro. Lo sé.

La pronunciación no es perfecta pero sí que es perfectamente entendible. Nos movemos dentro del espectro fonológico del español para pronunciar el japonés.

Esta filosofía de fonetizar con el filtro fonológico del español daría resultados horribles en inglés. Imagina que un manual de inglés para turistas te presentara la siguiente transcripción del idioma para hacerlo más fácil de pronunciar (como es nuestro caso):

HELLO! HOW ARE YOU?

/ Jelou! Jau aar-yu ? /

Tenemos la suerte de que es japonés y no inglés, pues en inglés se pierden muchos fonemas cuando se transcribe el idioma, si solo nos ceñimos a los sonidos del idioma español y, por lo tanto, no sería adecuado para su aprendizaje.

El inglés y el español comparten pocos fonemas (la pronunciación es muy diferente). Pero el japonés y el español son bastante similares.

Por ello resulta adecuado (que no temerario) transcribir el japonés en este manual ignorando las reglas fonológicas del japonés, con el propósito de hacerlo más fácil de asimilar para mis turistas.

No obstante, advierto a mi lector que tenga interés en estudiar formalmente el idioma japonés, que lo aprendido en este manual a nivel fonético no le servirá en sus clases formales.

Prueba tú mismo a leer las siguientes expresiones tal y como imaginas que se pronunciaciarían con el alfabeto español.

/ OHAYÓ GOSAIMAS /

/ SÚMIMASÉN /

/ NIHONGO, DAIYÓOBU DES ! /

/ CHEK,KU IN, ONEGAI SHIMAS /

/ NIMOTSU, ONEGAI SHIMAS /

Pronuncia la H como la H en "HELLO" o como una J española muy suave. / OHAYÓ / y / NIHONGO / deberían de sonar como una J en JAMÓN con la sutileza de una H inglesa.

Los acentos en / OHAYÓ / o en / DAIYÓOBU / sirven para que pronuncies con más fuerza en esas sílabas. No atienden a reglas ortográficas. Procura enfatizar más las sílabas con el acento.

Por último, verás comas entre palabras, como en el caso de / CHEK,KU /. Pronuncia claramente la consonante antes y después de la coma para que se te entienda bien.

EJERCICIO DE PRONUNCIACIÓN

Usa la aplicación de tu móvil para grabar tu voz leyendo las expresiones. Compáralas con la pronunciación de Kira Sensei y la pronunciación nativa.

1.3 SALUDAR

Japón es el país del / SÚMIMASÉN / (perdón o disculpe). Saludamos pidiendo perdón, agradecemos pidiendo perdón y nos despedimos pidiendo perdón. En el 90% de las interacciones en japonés se usa / SÚMIMASÉN / (perdón o disculpe) en algún momento.

/ SÚMIMASÉN /
Perdón, disculpe, gracias, adiós

En total solo tendrás que aprender cuatro saludos que usarás a cada rato en tu viaje. ¡Échales un vistazo y pronuncia en voz alta!

| SÚMIMASÉN | KON,NICHIWA | OHAYÓ GOSAIMAS | KOMBANWA |

¡HOLA! ¡BUENOS DÍAS! EN JAPONÉS

Piensa en la última vez que fuiste a comprar frutas en tu país. Seguramente entraste en el comercio con un "¡Hola! ¡Buenos días!" o un "¡Hola! ¿Qué tal?". Aunque no haya interés real por esperar una respuesta sincera ante ese "¿Qué tal?" lo tenemos como saludo habitual.

Cuando hablamos en japonés hay que aprender a frenar el impulso de saludar con un "¿Qué tal?" y hay que ser conscientes de que se saluda por formalidad, no para entablar una conversación. Saludamos usando estos tres. Escucha 3 veces y repite:

KON,NICHIWA	OHAYÓ GOSAIMAS	KOMBANWA
Buenas tardes	Buenos días	Buenas noches

/ OHAYÓ GOSAIMAS / (buenos días) tiene un extraño parecido fonético a "mi ojete goza más". Ahora vuelve a pronunciarlo mientras piensas en tu ojete:

/ OHAYÓ GOSAIMAS /
Buenos días

En Japón amanece pronto, muy pronto. En verano te sorprenderá el amanecer a las 5:15am con sus radiantes rayos obligándote a dormir con la ventana del hotel o albergue cerradas para no desvelarte.

El / OHAYÓ / en / OHAYÓ GOSAIMAS / significa literalmente "¡Qué pronto es!" y el / GOSAIMAS / es el término honorífico para sonar más cordial. Un simple / OHAYÓ / puede faltar al respeto al personal del hotel o del comercio. Recuerda decirles que tu "ojete goza más" con un / GOSAIMAS /.

/ KON,NICHIWA / (buenas tardes) y / KOMBANWA / (buenas noches) son tan habituales como / OHAYÓ GOSAIMAS / con la evidente diferencia de la franja horaria en la que se usan. Quedarás muy bien saludando con cualquiera de estos tres.

/ OHAYÓ GOSAIMAS /
Entre las 5:00 y las 11:00

/ KON,NICHIWA /
Entre las 12:00 y las 17:00

/ KOMBANWA /
Entre las 18:00 y las 23:00

Estos tres saludos te servirán para saludar al personal de hoteles y tiendas cuando tengas oportunidad de cruzarte con ellos o también para saludar a los montañistas caminando por la senda de un bosque.

Mi ✳ goza más

/ OHAYO GOSAIMAS / rima con "MI OJETE GOZA MÁS"

¿QUÉ TAL? ¿CÓMO ESTÁS? EN JAPONÉS · · · · · · · · · · · · · · · · · ·

Seguramente sientes curiosidad por decir "¿Cómo estás?" o "¿Qué tal?" en japonés. Aunque es posible decirlo con un / OGUENKI DES KA ? / queda muy raro interesarse por el estado de salud de una persona desconocida (personal de hotel, camarero o viandante).

/ OGUENKI DES KA ? /
¿Qué tal estás?

Resulta violento empezar una conversación con un desconocido con "¿Cómo estás?", / OGUENKI DES KA ? /.

En la cultura japonesa el "¿Cómo estás?" se usa en contextos íntimos; entre amigos, familiares o relaciones de confianza. Para las relaciones cordiales, como lo son los primeros encuentros o interacción en servicios, tiendas, etc., usamos los tres vistos.

¿Recuerdas qué significa y cuándo se usa cada uno?

/ OHAYÓ GOSAIMAS /

/ KON,NICHIWA /

/ KOMBANWA /

/ OGUENKI DES KA ? /

DISCULPE, PERDÓN ¡QUIERO ALGO!

Los tres saludos formales no sirven para pedir información, ni para hacer el check-in en un hotel, ni pedir una bebida en un bar o cafetería. La mejor forma de saludar para pedir cosas es:

/ SÚMIMASÉN /
Disculpe

/ SÚMIMASÉN / es el saludo más habitual en Japón.

/ SÚMIMASÉN / significa "disculpe", "perdone" o "lo siento". Lo usarás en cualquier situación que requiera interacción con el otro para preguntar algo o para pedir alguna cosa en concreto.

En una tienda de 24 horas (combini) dirás lo siguiente para comprar tabaco:

/ SÚMIMASÉN, MAARUBORO, KUDASAI /
Póngame un Marlboro.

En Mandarake cuando le preguntes al dependiente para ubicar la sección de Naruto:

/ SÚMIMASÉN, NARUTO, DOKO DES KA /
¿Dónde está Naruto?

En una cafetería tradicional después de ver el menú y decidir que tomarás un café con leche:

/ SÚMIMASÉN, CAFE LATE HITOTSU KUDASAI /
Un café con leche, por favor.

/ SÚMIMASÉN / es el saludo más poderoso sobre la corteza nipona. Se usa absolutamente para todo, para saludar, para pedir favores, para disculparse, para llamar la atención como la antesala de cualquier interación humana.

/ SÚMIMASÉN / "DISCULPE" es la expresión más usada.

/ SÚMIMASÉN / PARA ARMONIZAR ································

Los japoneses tienen el concepto de armonía social tan presente en su programación cultural colectiva que cualquier interacción implica perturbar a otras personas. Por lo tanto, la mejor forma de romper ese orden colectivo con una necesidad individual es con una disculpa.

En un hotel te diriges a la recepción con:

/ SÚMIMASÉN /

En un comercio llamas la atención del dependiente con:

/ SÚMIMASÉN /

En un restaurante te atienden si les llamas con un:

/ SÚMIMASÉN /

Cuando quieras parar a alguien por la calle para preguntar:

/ SÚMIMASÉN /

Lo usarás en cada conversación.

Ahora viene lo raro en japonés. Los saludos formales de / OHAYÓ GOSAIMAS /, / KON,NICHIWA / y / KOMBANWA / son incompatibles con / SÚMIMASÉN /. Esto es debido a que el auténtico saludo que escucharás por parte del personal es un sonante:

/ IRASH,SHAIMASÉ! /
¡Bienvenidos a nuestro negocio!

¿Lo has escuchado alguna vez? Este saludo es lo que hace que tu / OHAYÓ GOSAIMAS /, / KON,NICHIHA / o / KOMBANWA / no sirvan para nada. Ellos saludan con / IRASH,SHAIMASÉ ! / y tú te diriges a ellos para interactuar con un / SÚMIMASÉN /.

Imagina que entras en un hotel. El hotel al unísono te recibe con:

/ IRASH,SHAIMASÉ! /

/ IRASH,SHAI MASÉ ! / "¡Bienvenido!"

Cuando te reciban con un / IRASH,SHAIMASÉ! / pasa a la acción con un / SÚMIMASÉN / de respuesta. Sirve para pedir ayuda o llamar la atención de alguien.

/ SÚMIMASÉN, CHEK,KU IN ONEGAI SHIMAS /

Quiero hacer el check-in, por favor.

/ IRASH,SHAIMASE / significa "pase pase cliente" o "bienvenido cliente". Es el saludo que los comerciantes usan para llamar la atención de los clientes o para darles la bienvenida al cruzar el umbral de la puerta. Lo normal es que se haga al unísono.

/ IRASH,SHAIMASÉ! /

Este saludo te lo dedicarán tengas o no intención de pedir algo. Aprende a poner cara de póker, como si no te hubieran dicho nada, y sigue con tus asuntos. Nadie espera que contestes ni que reacciones sino que simplemente forma parte de la cortesía en los negocios.

Cuando abandones el local te dirán adiós con un cordial:

/ ARIGATÓO GOSAIMASHTA ! /

¡Gracias por su visita!

Este es el motivo por el que no se usa tanto / KON,NICHIWA / o / OHAYÓ GOSAIMASU / a nivel turístico. Japón es una sociedad altamente jerarquizada y el rango del cliente está en el escalafón más alto de la sociedad. Se suele bromear con que el cliente es un dios:

/ OKYAKU SAMA WA KAMI SAMA /
Los clientes son dioses.

Se puede entender que la interacción con un dios será diferente a la que se tiene con alguien conocido o de confianza. Visto así quedaría raro saludar a un dios con algo tan íntimo como:

/ OGUENKI DES KA ? /
¿Qué tal estás?

Se prefiere el trato cordial y jerarquizado al cliente con:

/ IRASH,SHAIMASÉ ! /
/ ARIGATÓO GOSAIMASHTA ! /
¡Gracias por su visita!

ARIGATÓ GOSAIMASHTA !

RESUMEN DE SALUDOS

Estos cuatro saludos te llevarán muy lejos en Japón. ¿Recuerdas su significado?

| SÚMIMASÉN | KON,NICHIWA | OHAYÓ GOSAIMAS | KOMBANWA |

CUÁNDO SE USA CADA EXPRESIÓN

Piensa qué saludo usarás en cada situación propuesta.

1. Cuando pasas por la recepción del hotel a las 9 de la mañana para dirigirte al comedor:

| SÚMIMASÉN | KON,NICHIWA | OHAYÓ GOSAIMAS | KOMBANWA |

2. Cuando entras en un pequeño comercio durante el día dices:

| SÚMIMASÉN | KON,NICHIHA | OHAYÓ GOSAIMAS | KOMBANWA |

3. Cuando entras en un restaurante para pedir el menú del día:

| SÚMIMASÉN | KON,NICHIWA | OHAYÓ GOSAIMAS | KOMBANWA |

4. Cuando veas a un chico o chica que te mira fijamente y pasa por tu lado:

| SÚMIMASÉN | KON,NICHIHA | OHAYÓ GOSAIMAS | KOMBANWA |

¿RECUERDAS CÓMO SE USA?

¿En qué situaciones se puede usar / SÚMIMASÉN /?

¿Por qué los servicios en Japón prefieren un / IRASH,SHAIMASÉ ! / antes que un / KON,NICHIWA /?

¿Cuál es la despedida que más escucharás en los comercios?

1.4 DESPEDIRSE

La mejor forma de despedirse en japonés es agradeciendo el servicio o disculpándonos por las molestias causadas.

Cuando termines tus compras o tu consumición en Japón quedarás muy bien agradeciendo el servicio recibido con:

/ ARIGATÓO GOSAIMAS /
Gracias

/ ARIGATÓO / es "gracias". Piensa en darle bien "al gato" para que "goce más" con un / ARIGATÓO GOSAIMAS /, siendo el / GOSAIMAS / un término para mostrar respeto. Cuando abandones la recepción del hotel al hacer el check-out a las 10 de la mañana te puedes despedir con:

/ ARIGATÓO GOSAIMAS /
Gracias

/ SAYÓONARA /
Adiós

Les agradeces el servicio con / ARIGATÓO GOSAIMAS / y lo culminas con un / SAYÓONARA / ("adiós").

33

Gracias

¡AY GATO

GOZA MÁS!

/ ARIGATÓO GOSAIMAS / rima con "¡AY GATO, GOZA MÁS!"

ARIGATÓO Y SAYÓONARA PARA DESPEDIRSE ·········

Pero la realidad es que queda un poco raro despedirse con "gracias", sabiendo que el personal te dirá adiós con otro "gracias". Veamos la siguiente situación al salir de un comercio.

Terminas tus compras y te diriges a la puerta. El personal te despide con una reverencia profunda y todos al unísono dicen:

/ ARIGATÓO GOSAIMASHTA ! /
¡Gracias por su visita!

Te encaras al personal y les respondes con otro agradecimiento y un "adiós" formal:

/ ARIGATÓO GOSAIMAS /
Gracias

/ SAYÓONARA /
Adiós

Por lo tanto, el proceder más frecuente al salir de un comercio es con la boca callada y sin despedirse. Por aquello del trato jerarquizado, el cliente sale del comercio con un talante altivo al mismo tiempo que el personal le hace una reverencia profunda.

Personalmente yo prefiero despedirme con un / ARIGATÓO GOSAIMAS / y / SAYÓONARA /. Me hace sentir mucho mejor.

/ ARIGATÓO GOSAIMAS / y / SAYÓONARA / son dos grandes expresiones para despedirse en cualquier situación turística.

Hay una expresión muy especial al salir de un restaurante. Significa "me ha encantado la comida" o "estaba delicioso".

/ GOCHISÓ SAMA DESHTA /
¡Gracias por el manjar!

/ GOCHISÓ SAMA / tiene su origen en la época en la que el transporte habitual era el caballo. / CHISÓ / en / GOCHISÓ SAMA / significa "caballos corriendo a toda prisa" y / SAMA / es una forma de mostrar mucho respeto por una acción.

Lo que realmente estás queriendo decir con / GOCHISÓ SAMA DESHTA / es "agradezco que se haya tomado la molestia de usar sus caballos para preparar mi manjar".

"Gracias por este manjar" Úsalo al terminar de comer.

EJERCICIOS DE DESPEDIDAS

1. ¿Recuerdas el significado de las siguientes expresiones? Coméntalas contigo mismo en voz alta.

SÚMIMASÉN	ARIGATÓO GOSAIMAS	SAYÓONARA	GOCHISÓ SAMA DESHTA

2. Explícale a un familiar, amigo o compañero en el trabajo los siguientes tres saludos y las implicaciones que tienen.

/ SÚMIMASÉN /

/ SAYÓONARA /

/ GOCHISÓ SAMA DESHTA /

3. A lo largo de la siguiente semana, detente un minuto al terminar cada comida o salir de un comercio en tu país para pensar en cómo te despedirías si estuvieras en Japón.

SÚMIMASÉN	ARIGATÓO GOSAIMAS	SAYÓONARA	GOCHISÓ SAMA DESH-TA

1.5 DECIR QUE SÍ O NO

La cultura japonesa pone mucho énfasis en complacer a los demás y mantener la armonía a toda costa. Por ende, negar o rechazar un ofrecimiento o proposición son conductas que pueden perturbar el orden social.

En Japón se piensa que cualquier alteración del orden social debe evitarse aunque para ello haga falta mentir o fingir normalidad.

Por lo tanto, hay cierta reticencia a decir directamente que "no" por miedo a faltar al respeto. Tenemos que aprender a rechazar de forma indirecta, con una buena sonrisa o con un silencio sugerente.

Los japoneses aprenden a interpretar desde bien pequeños las señales de rechazo en gestos, expresiones o silencios prolongados acompañados de una icónica sonrisa.

SONRISA = NO

La sonrisa en Japón es un recurso frecuente para para decir que NO sin confrontar.

EXPRESIONES CLAVE

Empieza esta lección por decir en voz alta las siguientes expresiones. Pronuncia con énfasis / CHIGAIMAS / y / DAIYÓOBU /.

/ HAI /	Sí
/ HAI, SOO DES /	Sí, así es.
/ CHIGAIMAS /	No es correcto.
/ DAIYÓOBU DES /	No hay problema.
/ OK,KÉE /	OK

Aunque veas la palabra "NO" en la traducción, no aparece ninguna negación directa en su equivalente en japonés. Ahí empieza la armonía.

HAI PARA DECIR QUE SÍ ···

/ HAI ! /
Sí, señor.

/ HAI ! SÓO DES /
Sí, así es.

/ HAI ! / pronunciado con ganas y firmeza se usa para recibir órdenes.

/ HAI ! / puede crear situaciones cómicas si se responde con un / HAI ! / muy firme y en voz alta. Parecerás un militar confirmando órdenes de su superior.

Responde / HAI ! / con naturalidad y simpatía, acompañándolo con un / SÓO DES / para quedar bien.

En japonés hay términos para decir que NO pero que en el día a día no se usan. Resulta violento decir que no en japonés.

/ CHIGAIMAS ! /
No, se equivoca.

/ CHIGAIMAS / o "chinga más" es como decimos que NO en japonés, puntualizando el error más que negando directamente.

/ CHIGAIMAS / es literalmente "eso es diferente" o "eso difiere". Se traduce como "está equivocado" o "eso no es así."

Otra forma de decir que NO evitando una negación directa es con:

/ DAIYÓOBU DES /
Ok - No se preocupe

La mejor forma de rechazar una invitación a comer, tomar algo en una tienda o de rechazar ayuda cuando alguien crea que la necesitamos es con / DAIYÓOBU DES /.

Aprende estas dos expresiones y veamos ahora su uso en situaciones concretas en las siguientes páginas.

"No se preocupe"

41

Estás en una cafetería y el camarero se equivoca. Te trae un café largo con hielo en lugar del café largo caliente que habías pedido.

/ AIS KÓOHII DES! /

¡Su café con hielo!

/ CHIGAIMAS,
HOT,TO KÓOHII DES.
SÚMIMASÉN /

Se equivoca,
es un café caliente.
Disculpe (la molestia).

La clave está en decir / SÚMIMASÉN / y / CHIGAIMAS / para puntualizar el error. No será necesario dar más detalles pues probablemente se darán cuenta en cuanto digas / CHIGAIMAS /.

Rima con "chingar más".

Es común que nos ofrezcan muestras de comida o bebida en centros comerciales y supermercados. Imagina que te ofrecen alcohol japonés. Lo rechazarías con un / DAIYÓOBU DES /.

/ OSAKE WA IKAGA DES KA ? /
¿Le apetece un sake?

/ DAIYÓOBU DES /
Estoy bien (= no gracias)

/ DAIYÓOBU DES / se usa para indicar que estás bien como estás, que no hay ningún problema. Es una forma indirecta de rechazar.

"No se preocupe", "No, gracias"

Imagina que estás en un Mc Donalds y te entregan la bandeja sin tus patatas. Empezarías con un / SÚMIMASÉN / seguido de / ARIMAS KA ? / (¿Tiene?).

/ SÚMIMASÉN,
FURAI POTETO, ARIMAS KA ? /
Disculpe, ¿tiene mis patatas?

/ SÚMIMASÉN ! SÚMIMASÉN ! SÚMIMASÉN ! /
¡Disculpe! ¡Disculpe! ¡Disculpe!

/ DAIYÓOBU DES /
Está bien así (= no hay problema)

Cuando veas que el dependiente esté a punto de hacerse el harakiri por equivocarse, le puedes aliviar con un / DAIYÓOBU DES /.

44

LOS JAPONESES LEEN LA MENTE

Los japoneses son expertos en interpretar las señales del cuerpo.

La educación japonesa consiste en comunicar lo máximo con el mínimo de palabras y en esperar que los demás capten nuestras intenciones sin mediar palabra. Es por ello que no es tan necesario decir la palabra NO para negar sino que se comunica mejor con un gesto o expresión facial de desagrado.

Leer la mente (o como se dice en japonés "leer el aire") es una habilidad que se desarrolla desde la guardería (de 0 a 5 años). Las maestras japonesas en prescolar atienden a las expresiones faciales antes que exigir a los jóvenes estudiantes que lo expresen en palabras. Con el tiempo los niños ponen caras expresivas como si fueran mangas antes que molestarse en hablar. Aprender a comunicar emociones negativas sin mediar palabra y esperando que el otro "lea el aire" (capte la indirecta) es un aprendizaje social.

Eso significa que desarrollan un sentido exquisito para anticiparse a un rechazo. El personal que te atienda sabrá ver en tu cara la incomodidad y el no antes incluso de que tú te des cuenta. Es como un sexto sentido cultural para las respuestas negativas.

1.6 AGRADECER Y DISCULPARSE

Dicen que si solo tuvieras que aprender dos palabras en otro idioma esas serían "LO SIENTO" y "GRACIAS".

/ SÚMIMASÉN /

/ ARIGATÓO GOSAIMAS /

"DISCULPE" y "GRACIAS"

A estas alturas ya estarás harto de ver / SÚMIMASÉN / en casi cada apartado. / SÚMIMASÉN / es la palabra que más escucharás en tu viaje junto con / ARIGATÓO / y / IRAS,SHAIMASÉ / en comercios.

/ SÚMIMASÉN /
Disculpe

/ ARIGATÓO GOSAIMAS /
Gracias

/ SÚMIMASÉN / es otra forma de decir / ARIGATÓO /. En Japón son prácticamente sinónimos. Ambos se usan para agradecer pero / SÚMIMASÉN / enfatiza el lado de la molestia causada más que el beneficio que hayamos recibido. Observa las siguientes situaciones.

"DISCULPE" y "GRACIAS"

SITUACIONES COMUNES

Cuando alguien recoja tu paraguas le agradeces con:

/ SÚMIMASÉN !
ARIGATÓO GOSAIMAS ! /

Perdone. Gracias.

Cuando alguien te haya ayudado a encontrar el hotel:

/ SÚMIMASÉN !
ARIGATÓO GOSAIMAS !
SAYÓONARA ! /

Perdone. Gracias. Adiós.

Cuando el camarero te traiga un tenedor y cuchillo al percibir que lo estás pasando mal con los palillos le respondes:

/ SÚMIMASÉN, TASUKARIMAS ! /

Perdone. Me salva la vida.

/ TASUKARIMAS ! / significa "me ha ayudado" y se puede usar para enfatizar el agradecimiento con / SÚMIMASÉN /.

Cuando un amigo te haya invitado a un ramen agradécele con:

/ ARIGATÓO GOSAIMAS !
GOCHISÓO SAMA DESHTA ! /

Gracias. Estuvo delicioso.

/ GOCHISÓO SAMA DESHTA ! / significa literalmente "¡Qué gran manjar!". / GOCHISÓO / es una comida deliciosa. Es parecido al "¡Buen provecho!" pero usado al terminar de comer.

/ ARIGATÓO GOSAIMAS ! / y / SÚMIMASÉN / son dos formas de agradecer. / SÚMIMASÉN / es más formal por el matiz de humildad que implica disculparse para agradecer.

Recuerda y practica en voz alta estas dos grandes expresiones:

/ SÚMIMASÉN /

/ ARIGATÓO GOSAIMAS /

"DISCULPE" y "GRACIAS"

/ ARIGATÓO GOSAIMAS ! / y / SÚMIMASÉN / son dos formas de agradecer tan protocolarias que se hace necesario usar otra palabra para disculparse de verdad.

/ GOMEN,NASAI /
Lo siento.

/ GOMEN,NASAI / es una forma más sentida para disculparnos por haber realmente molestado a otro sin intención.

/ GOMEN,NASAI /
Lo siento.

Cuando pises al que camina por delante, le derrames el café al vecino o golpees con el codo a alguien en el tren, la palabra más adecuada será / GOMEN,NASAI /.

Tres expresiones vitales.

/ GOMEN,NASAI / vs / SÚMIMASÉN / ·······························

Hay dos formas muy comunes de pedir perdón en japonés.

/ SÚMIMASÉN / se usa en un contexto de molestar para pedir algo y / GOMEN,NASAI /, "lo siento" o "disculpa, es mi error" para comunicar una disculpa más sentida.

/ SÚMIMASÉN /

/ GOMEN,NASAI /

La única diferencia entre estos dos es que / SÚMIMASÉN / se puede usar indistintamente para formalidades y disculparse por un error cometido, pero / GOMEN,NASAI / es exclusivamente una disculpa por haber molestado.

/ GOMEN,NASAI / es un "lo siento" de verdad.

EJERCICIO

¿De qué forma será más apropiado disculparse en las siguientes situaciones?

Cuando pises a alguien en el tren:

/ SÚMIMASÉN / o / GOMEN,NASAI /

Cuando salpiques al vecino con un poco de café:

/ SÚMIMASÉN / o / GOMEN,NASAI /

Cuando quieras llamar la atención del personal en el hotel:

/ SÚMIMASÉN / o / GOMEN,NASAI /

Cuando te choques con alguien al dar un paso atrás:

/ SÚMIMASÉN / o / GOMEN,NASAI /

1.7 PREGUNTAS BÁSICAS

Veamos las preguntas básicas y habituales que usarás en el viaje.

Empecemos con un ejercicio de calentamiento. Lee las siguientes preguntas e identifica el patrón interrogativo.

¿Qué tienen en común todas las preguntas?

/ NAN DES KA ? /
¿Qué es?

/ DOKO DES KA ? /
¿Dónde está?

/ IKURA DES KA ? /
¿Cuánto es?

/ KÓOHII DES KA ? /
¿Es café?

/ DAIYÓOBU DES KA ? /
¿Todo va bien?

Todas las preguntas formales en japonés terminan en / DES KA ? / o / MAS KA ? /. Cuando escuches que suena un poco de SKA piensa en una pregunta.

/ NAN /, / DOKO / e / IKURA / son los tres grandes interrogativos que usarás en tu viaje.

/ NAN DES KA ? /
¿Qué es?

/ DOKO DES KA ? /
¿Dónde está?

/ IKURA DES KA ? /
¿Cuánto es?

Podrás observar que / DES KA ? / puede significar tanto "es" como "está".

NARUTO, DOKO DES KA?

"¿Dónde está Naruto?", dice Faseuno.

¿ES ESTO CAFÉ? ···

Dos grandes expresiones que te servirán para hacer todo tipo de preguntas son:

/ DES KA ? / y / ARIMAS KA ? /
¿Es esto...? ¿Tiene tal cosa?

/ DES KA ? / se usa para preguntar si algo "es" o "está". Es la pregunta más básica.

/ KÓOHII DES KA ? /
¿Es (esto) café?

/ WASABI DES KA ? /
¿Es (esto) wasabi?

/ BAKA DES KA ? /
¿Es (él) tonto?

/ KARAI DES KA ? /
¿Es (esto) picante?

"¿Eres tonto?", pregunta Fasedos.

¿TIENE TAL COSA?

/ ARIMAS KA ? / significa "TIENE" y "HAY". / ARIMAS KA ? / se usa para preguntar por la disponibilidad de servicios.

/ WAIFAI, ARIMAS KA ? /
¿Tienen Wi-Fi?

/ KAFE LATÉ, ARIMAS KA ? /
¿Tienen café con leche?

/ BEJITARIAN NO MENYÚU, ARIMAS KA ? /
¿Tienen menú vegetariano?

"¿Tienen menú en inglés?"

¿OK? / ¿LE IMPORTA?

La última gran pregunta es para pedir permiso o confirmar que algo va bien. Preguntamos con "¿Ok? / ¿Vale?" o "¿Va todo bien?".

/ DAIYÓOBU DES KA ? /
¿OK? ¿Todo va bien?

/ OK,KÉE DES KA ? /
¿OK? ¿Le importa?

/ OK,KÉE / viene del OK del inglés y se usa con la misma ligereza que nuestro "¿Vale?" o "¿De acuerdo?". También tiene un matiz de permiso.

Cuando veas un asiento libre y no tengas muy claro si puedes sentarte pregunta al personal:

/ OK,KÉE DES KA ? /
¿OK? ¿Le importa?

Tanto / OK,KÉE DES KA ? / como / DAIYÓOBU DES KA ? / se pueden usar indistintamente.

EL EXTRAÑO ORIGEN DE DAIYÓOBU ························

El origen de / DAIYÓOBU / es un tanto peculiar. / DAIYÓOBU / se escribe con los ideogramas de "大 GRAN 丈 FUERTE 夫 MARIDO" y proviene de la china ancestral.

大　丈　夫
/ DAI YÓO BU /
GRAN FUERTE MARIDO

Antiguamente se pensaba que un gran DAI, fuerte YÓO y sano marido BU garantizaba armonía y ausencia de problemas en el hogar.

Ante la pregunta de "¿Todo va bien en tu casa?" le respondían "¡Tengo un gran marido!". Querían decir que "No hay problema, todo va bien".

Cuando veas a alguien apurado por la calle pregúntale:

/ DAIYÓOBU DES KA ? /
¿Todo va bien?

DAI YÓO BU!

1.8 LOS NÚMEROS EN JAPONÉS

Los 10 números del 1 / ICHI / al 10 / YÚU / son todo lo que necesitas para contar hasta el 99. Seguramente los habrás aprendido en las clases de karate o yudo en la infancia.

/ ICHI - NI - SAN
1 2 3

YON - GO - ROKU
4 5 6

NANA - HACHI
7 8

KYÚU - YÚU /
9 10

Hagamos un pequeño ejercicio mnemotécnico para aprenderlos en un minuto.

1 2 3

/ ICHI / (1), / NI / (2), / SAN / (3) son nuestros favoritos. Son los números que usábamos en las clases de karate, en aikido y en yudo. / ICHI, NI, SAN ! /

/ YON - GO /

4 5

Ahora piensa en John (Juanito) que se va, GO; JOHN (4) GO (5)! Aunque no sabemos a dónde se va.

/ ROKU - NANA /

6 7

Para los números 6 y 7, imagina a nuestra rockera Nana cantanto con el número 67 (/ ROKU NANA /) en su frente.

/ HACHI - KYÚU - YÚU /

8 9 10

Ahora tómate un poco de HACHIs (8) para aprender / KYÚU / (9) y / YÚU / (10) alargando notablemente la U en / KYÚU / y / YÚU /.

Piensa en la canción inglesa de ONLY YOUUUUU y pronuncia de nuevo con ONLY / KYÚU / (9) y ONLY / YÚU / (10). Canta en voz alta e interpreta. ¡Tómatelo en serio!

Si la canción de ONLY YOU interpretada por The Platters no te suena ni te funciona, cambia el ONLY por la malsonante palabra inglesa
con F%%% y añádele / KYÚU / y / YÚU /.

Practica en voz alta. Ponle un poco de humor y verás cómo se clava
en la memoria.

F%%% KYUU
9

F%%% JUU
10

Ponle un poco de humor a John Go, Rock Nana mientras te drogas
mentalmente con hachis gritando "only" / KYÚU / y "only" / YÚU /.

Repasa la tabla con los números en la primera página y visualiza los diez números con las imágenes mentales creadas.

/ ICHI - NI - SAN
YON - GO - ROKU
NANA - HACHI
KYÚU - YÚU /

CÓMO SE LEE 1 2 3 4 5 6 7 8 9 10 ·······································

Ahora ya puedes leer el siguiente número de teléfono.

Ponte a prueba:

1 2 3 - 4 5 6 7 - 8 9 10

Estoy seguro de que has leído bien ese último 10 con / YÚU / pero me temo que tengo que corregirte. ¡Échale la culpa al hachís (8)!

El número "0" se lee / SERO /.

El número 123-4567-8910 se lee así:

**/ ICHI NI SAN -
YON GO ROKU NANA -
HACHI KYÚU ICHI SERO /**

Ahora ya estás preparado para leer precios en japonés.

1.9 CÓMO LEER PRECIOS

Veamos las tarifas más típicas para poner en práctica los números en japonés. Empecemos con un ejercicio.

Mira los números a la izquierda y sus lecturas en unidades a la derecha. Atiende a dos preguntas:

- ¿Puedes deducir a qué unidad del número se refiere cada palabra?
- ¿Puedes encontrar las 3 excepciones de pronunciación?

1110	SEN	HYAKU	YÚU
1220	SEN	NI HYAKU	NI YÚU
1330	SEN	SANBYAKU	SAN YÚU
1440	SEN	YON HYAKU	YON YÚU
1550	SEN	GO HYAKU	GO YÚU
1660	SEN	ROP,PYAKU	ROKU YÚU
1770	SEN	NANA HYAKU	NANA YÚU
1880	SEN	HAP,PYAKU	HACHI YÚU
1990	SEN	KYUU HYAKU	KYUU YÚU

Habrás deducido correctamente que / SEN / es 1000, / HYAKU / es cien y que / YÚU / es 10.

1000 / SEN /
100 / HYAKU /
10 / YÚU /

Para decir 20 solo tienes que decir los números 2 y 10 en japonés.

20 SE DICE / NI YÚU /

El resto de números sigue la misma lógica. El 30 se dice con 3 + 10, / SAN YÚU /, el 40 con 4 + 10, / YON YÚU /. Y así hasta el número 90.

NÚMEROS DEL 20 AL 100

20 NI YÚU	30 SAN YÚU	40 YON YÚU
50 GO YÚU	60 ROKU YÚU	70 NANA YÚU
80 HACHI YÚU	90 KYÚU YÚU	100 HYAKU

2 + 10 = 20

NÍ + YÚU = NíYÚu

La misma lógica vista en el número 20 se aplica a los números del 200 al 900.

Para decir 200 solo tienes que decir los números 2 y 100 en japonés.

200 / NI HYAKU /

El resto de números sigue la misma lógica. El 300 se dice con 3 + 100, / SANBYAKU / (con una pequeña excepción fonética), el 400 con 4 + 100, / YON HYAKU /. Así hasta el número 900.

NÚMEROS DEL 200 A 1000

200 NI HYAKU	300 **SANBYAKU**	400 YON HYAKU
500 GO HYAKU	600 **ROP,PYAKU**	700 NANA HYAKU
800 **HAP,PYAKU**	900 KYÚU HYAKU	1000 SEN

Cuidado. Hay tres excepciones fonéticas con 100.

/ SANBYAKU / (300)
/ ROP,PYAKU / (600)
/ HAP,PYAKU / (800)

Los números en japonés son de una lógica aplastante. Su comprensión es sencilla en los números del 1 al 1000.

Pero todos sabemos que los olvidaremos a no ser que los pongamos en práctica de alguna manera.

TÉCNICA PARA DOMINAR LOS NÚMEROS ·················

La mejor forma de aprender los números para ser capaz de decirlos con soltura es forzándote durante los próximos 7 días a leer en japonés todos los precios que veas en euros o dólares.

Evita usar únicamente la memorización y evocación (repetir y recordarlos) y elige pasar a la acción (leer precios en el supermercado o menús en restaurantes) para aprenderlos bien. ¡Hay que ponerlos en práctica!

Repasa la tabla de precios inicial de nuevo. ¿Puedes entender ahora la lógica detrás de cada cifra?

1110	SEN	HYAKU	YÚU
1220	SEN	NI HYAKU	NI YÚU
1330	SEN	SANBYAKU	SAN YÚU
1440	SEN	YON HYAKU	YON YÚU
1550	SEN	GO HYAKU	GO YÚU
1660	SEN	ROP,PYAKU	ROKU YÚU
1770	SEN	NANA HYAKU	NANA YÚU
1880	SEN	HAP,PYAKU	HACHI YÚU
1990	SEN	KYUU HYAKU	KYUU YÚU

EJERCICIO: CÓMO SE LEEN LOS PRECIOS

Lee en japonés los siguientes precios: Son cantidades muy comunes en comercios y restaurantes que no aceptan tarjeta de crédito.

4 5 0 円	5 7 0 円	6 8 0 円
6 9 0 円	7 1 0 円	7 4 0 円
8 4 0 円	9 4 0 円	1 2 2 0 円
1 5 6 0 円	1 7 2 0 円	1 8 8 0 円

En la siguiente página puedes ver las respuestas.

El kanji 円 es el de yen en japonés.

円 Se lee / EN /

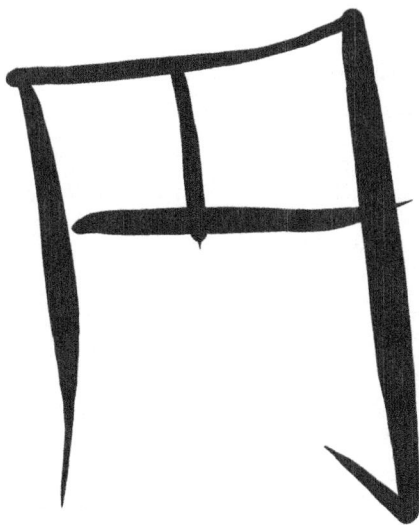

EJERCICIO DE PRECIOS: RESPUESTAS

450 EN / YON HYAKU GO YÚU EN /

---

570 EN / GO HYAKU NANA YÚU EN /

---

680 EN / ROP,PYAKU HACHI YÚU EN /

---

690 EN / ROP,PIAKU KYÚU YÚU EN /

---

710 EN / NANA HYAKU YÚU EN /

---

740 EN / NANA HYAKU YON YÚU EN /

---

840 EN / HAP,PYAKU YON YÚU EN /

---

940 EN / KYÚU HYAKU YON YÚU EN /

1220 EN / SEN NI HYAKU NI YÚU EN /

1560 EN / SEN GO HYAKU ROKU YÚU EN /

1720 EN / SEN NANA HYAKU NI YÚU EN /

1880 EN / SEN HAP,PYAKU HACHI YÚU EN /

Apunta los números en un lugar que no puedas evitar mirar. Cada vez que tu mirada se tope con esos números tendrás que recitarlos en japonés en menos de 30 segundos.

Prueba a escribirlos detrás de tu teléfono, en un post-it en el borde la pantalla de tu PC o con un rotulador en tu muñeca o brazo.

EJERCICIO: UNE EL PRECIO CON SU NÚMERO

Une los números a la izquierda con sus lecturas a la derecha:

４５０円	/ YON HYAKU - GO YÚU - EN /
６８０円	/ SEN - HAP,PYAKU - HACHI YÚU - EN /
５７０円	/ ROP,PYAKU - HACHI YÚU - EN /
６９０円	/ SEN - GO HYAKU - ROKU YÚU - EN /
７１０円	/ ROP,PYAKU - KYUU YÚU - EN /
７４０円	/ SEN - NANA HYAKU - NI YÚU - EN /
８４０円	/ SEN - NI HYAKU - NI YÚU - EN /
９４０円	/ NANA HYAKU - YON YÚU - EN /
１２２０円	/ HAP,PYAKU - YON YÚU - EN /
１５６０円	/ GO HYAKU - NANA YÚU - EN /
１７２０円	/ NANA HYAKU - YON YÚU - EN /
１８８０円	/ KYÚU HYAKU - YON YÚU - EN /

EJERCICIO: LEE PRECIOS EN TU PAÍS

Sal a la calle a comprar en tu tienda habitual. Observa los precios y recítalos mentalmente en japonés. Apuesto a que cuando lleves 15 a 20 precios empezarás a leerlos sin apenas esfuerzo.

Toma una foto con tu móvil de la tabla de abajo para ayudarte en caso de que no recuerdes los números. A medida que los uses los recordarás sin mayor esfuerzo. ¡Lo importante es que los uses!

1110	SEN	HYAKU	YÚU
1220	SEN	NI HYAKU	NI YÚU
1330	SEN	**SANBYAKU**	SAN YÚU
1440	SEN	YON HYAKU	YON YÚU
1550	SEN	GO HYAKU	GO YÚU
1660	SEN	**ROP,PYAKU**	ROKU YÚU
1770	SEN	NANA HYAKU	NANA YÚU
1880	SEN	**HAP,PYAKU**	HACHI YÚU
1990	SEN	KYUU HYAKU	KYUU YÚU

Los números en precios, años y la edad se dicen de forma diferente a cuando contamos cosas y objetos (productos).

/ BÍIRU, HITOTSU KUDASAI /
Póngame una cerveza, por favor

En japonés tenemos contadores, palabras específicas para contar cosas. Estos contadores son diferentes de los números básicos vistos en precios, como 1 (ICHI), 2 (NI), 3 (SAN), etc.

Hemos visto el contador de HITOTSU en múltiples ocasiones para pedir una cosa (un café, un producto). Este HITOTSU es un contador. Si te fijas no hemos usado el numeral ICHI para pedir UNA COSA, sino un contador específico, HITOTSU es una cosa, ICHI es el número uno.

/ HITOTSU / una cosa
/ ICHI / el número 1

El número ICHI sirve para leer precios y números de teléfono, pero no sirve para pedir UNA COSA. Para eso está / HITOTSU /.

/ FUTATSU / dos cosas
/ NI / 2

La misma lógica se aplica a DOS COSAS, / FUTATSU /, y TRES COSAS, / MIT,TSU /.

/ MIT,TSU / tres cosas
/ SAN / 3

Veamos la diferencia en su contexto usando los números como cifras o como contadores en la vida real.

/ HOT,TO KÓOHII, HITOTSU KUDASAI ! /
¡Póngame un café (una cosa/contador) por favor!

/ KÓOHII, HYAKU EN DES ! /
¡El café son 100 yenes! (cifra)

Aprendamos a contar hasta 3 cosas pero a decir los números hasta cien en la sección de precios. No creo que necesites contar más de 3 cosas.

ICHI, NI, SAN
UNO, DOS, TRES

HITOTSU, FUTATSU, MIT,TSU
UNA COSA, DOS COSAS, TRES COSAS

Pues ahora pensemos en pedir una cerveza, dos cafés y tres donuts.

/ BÍIRU, HITOTSU KUDASAI /
/ HOT,TO KÓOHII, FUTATSU KUDASAI /
/ DÓONATSU, MIT,TSU KUDASAI /

KÓOHII HITOTSU

KÓOHII MIT,TSU

KÓOHII FUTATSU

CÓMO PEDIR LA CUENTA

Ahora que sabes los números y que puedes leer precios con soltura (si has seguido los ejercicios de la sección anterior), vamos a pedirle la cuenta (que nos cobre) al bar o restaurante con:

/ SÚMIMASÉN /
Disculpe

/ KAIKÉE, ONEGAI SHIMAS /
La cuenta, por favor.

No hay mucho de qué preocuparse por escuchar bien los precios en japonés porque vendrán siempre en formato voz y acompañados de un recibo o pantalla digital.

/ SÚMIMASÉN, IKURA DES KA ? /
Disculpe. ¿Cuánto es?

Mi estrategia favorita es la de repetir tantas veces como sea necesario el / IKURA DES KA ? / ("¿CUÁNTO ES?").

KAIKÉE, ONEGAI SHIMAS!

"¡La cuenta, por favor!"

/ KÓOHII WA HYAKU EN DES /

El café son 100 yenes.

/ KÓOHII WA HYAKU EN NI NARIMASU /

El café son 100 yenes. (MÁS FORMAL)

Los precios más habituales que escucharás serán:

１０ ０円	/ HYAKU - EN /
１５ ０円	/ HYAKU - GO YÚU - EN /
１８ ０円	/ HYAKU - HACHI YÚU - EN /

Las palabras / HYAKU / y / SEN / serán súper habituales en los precios. ¡Apréndelos bien!

１２ ０ ０円	/ SEN - NI HYAKU - EN /
１５ ０ ０円	/ SEN - GO HYAKU - EN /
１８ ０ ０円	/ SEN - **HAP,PYAKU** - EN /
２５ ０ ０円	/ NI SEN - GO HYAKU - EN /

"El café son 100 yenes."

SECCIÓN 2
JAPONÉS EN SITUACIONES

2.1 CUÁNDO Y CÓMO HABLAR JAPONÉS

Ten claro el objetivo de tu viaje: disfrutar de los atractivos turísticos de Japón usando el japonés que has aprendido. Así que tendrás que buscar oportunidades para hablar activamente. Tendrás que hablar claro, en voz alta y con una sonrisa por delante para que te escuchen.

A diferencia de los países de cultura hispana, más acostumbrados a vivir con otras nacionalidades y con una cultura de comunicación más directa, en Japón tienen la cultura de la vergüenza con una conciencia sensibilizada a la molestia al prójimo.

Por ello necesitarás hacer un esfuerzo consciente por comunicarte en japonés. Recuerda poner mucho de tu parte en el acto comunicativo en el país de la vergüenza y de la molestia ajena.

A TENER EN CUENTA ANTES DE PISAR JAPÓN ·········

- Muy pocas personas hablan inglés en Japón y pocos lo entienden: es el país perfecto para practicar tu japonés.

- Si quieres hacer amigos en Japón usa las aplicaciones de intercambio más habituales: no es fácil hacer amigos por la calle. Todos están muy ocupados.

- En caso de necesidad dirígete a mujeres japonesas o universitarios en la calle, evitando a hombres adultos y ancianos: los mayores muestran una reticencia histórica a interactuar con extranjeros.

- Solo necesitas llevar contigo las hojas (imágenes) de reco-pilación de expresiones al final del manual: el manual está pensado para ser estudiado y aprendido antes de tu viaje, no para ser usado durante el viaje.

- No viajes acompañado de alguien con rasgos asiáticos si quieres comunicarte en japonés: los japoneses preferirán dirigirse al asiático y será difícil que te escuchen, por muy bueno que sea tu japonés.

Sigue los consejos para poner en práctica tu japonés.

JAPÓN Y EL INGLÉS

En Japón se estudia el inglés a conciencia pero no se habla en la calle.

A pesar de que el inglés es la asignatura obligatoria en la escuela y en los exámenes de ingreso a la universidad, el estilo de aprendizaje preferido sigue siendo el de traducción y memorización de vocabulario (el llamado YAKUDOKU). Por desgracia, es una situación común en muchos países.

El inglés en Japón solo les sirve a los japoneses para pasar los exámenes de ingreso a la universidad y así mejorar su nota promedio.

Como los exámenes evalúan únicamente el vocabulario, gramática y comprensión auditiva de conversaciones pregrabadas, la expresión oral pasa a segundo plano en el estudio.

Esto son buenas noticias para los turistas con ganas de usar el idioma, pues la mejor experiencia en Japón la tendrás cuando logres una mínima independencia con el idioma (problema que este manual te soluciona), y tengas tus contactos japoneses que se defiendan mínimamente en inglés o español.

Lograrás así un contacto real con el país (turismo por tu cuenta) y su gente (contactos de intercambio).

/ NIHONGO, DAIYÓOBU DES ! /

¡Me puede hablar en japonés!

/ NIHONGO, DAIYÓOBU DES ! / es la frase abrelatas, importantísima para que te respondan en japonés cuando veas caras de confusión. Pronúnciala con confianza y acompañándola con una sonrisa empática.

Esta frase es necesaria porque los japoneses tendrán serias dudas de si hablarte en japonés. Ante su incompetencia para hablar inglés y el miedo a quedar en ridículo faltándote al respeto por la molestia que supone hablar en un idioma que no dominan, puede que prefieran no hablar y mostrarte en su lugar un cartel con las traducciones.

Tú puedes ayudar a disipar sus dudas dejando claro que no hay problema en usar japonés. / NIHONGO, DAIYÓOBU DES / tiene un efecto terapéutico. Es la frase abrelatas.

DAIYÓOBU DES!

"¡No problemo!" "¡No te preocupes!"

SITUACIONES MÁS FRUSTRANTES EN TURISTAS ·····

Veamos el top 3 de experiencias frustrantes en turistas occidentales que intentan comunicarse en japonés. Las siguientes 3 experiencias me han ocurrido a mí personalmente y a muchos de mis seguidores y estudiantes en sus viajes por Japón. Son frecuentes en turistas occidentales.

- El dependiente o dueño del local te habla únicamente en inglés aunque le hayas dirigido la palabra primero en japonés.

- El dependiente gesticula con los brazos en cruz y te muestra un cartel con el menú en inglés, haciendo caso omiso de tu japonés.

- El dependiente es extranjero y te habla en perfecto inglés.

Estas situaciones me las sigo encontrado yo, Kira, con más de diez años de residencia en Japón a pesar de no ir vestido como un turista. Recuerda que estas situaciones se pueden evitar con un gran y simpático:

/ NIHONGO, DAIYÓOBU DES ! /
¡Me puede hablar en japonés!

NIHONGO DAIYÓOBU DES!

"¡No hay problema con mi japonés!"

83

ESTRATEGIAS EFECTIVAS PARA COMUNICARSE ······

Otras de las formas efectivas para usar japonés es eligiendo bien a tus interlocutores. Cuando tengas la necesidad de preguntar a alguien por la calle elige a:

- El personal de los comercios
- Mujeres o gente joven (universitarios)
- Evita a hombres adultos (asalariados) y ancianos

A medida que te adentres en los comercios y pasees por sus calles, te quedará bastante claro quién está dispuesto a hablar contigo y quién no. Capta las señales. Los residentes locales, normalmente gente mayor, que no quieran hablar contigo te evitarán descaradamente o te echarán miradas de demonio gruñón.

Resumiendo, ten claro y visualiza mentalmente las situaciones en las que vas a usar el japonés de este manual, eligiendo bien a la gente y usando la frase mágica:

/ NIHONGO, DAIYÓOBU DES ! /
¡Me puede hablar en japonés!

Pasemos a aprender, practicar y usar las expresiones en cada situación para el turista en Japón. ¡A practicar!

2.2 PREGUNTAR POR LA CALLE

Llegado el momento de apuro, por mala cobertura en tu móvil o por desorientación, tendrás que preguntar al primero que encuentres por la calle.

EXPRESIONES CLAVE

/ SÚMIMASÉN /	Disculpe
/ KOKO DES KA ? /	¿Está aquí?
/ CHIKAI DES KA ? /	¿Está cerca?
/ TOÓI DES KA ? /	¿Está lejos?
/ DOKO DES KA ? /	¿Dónde está?
/ ARIMAS KA ? /	¿Hay un…?
/ IKIMAS KA ? /	¿Esto va a…?

Empecemos repasando las expresiones clave. Léelas en voz alta y pon a prueba tu memoria intentanto recordar la lista en el mismo orden. Prueba a ocultar la columna en japonés e intenta recordar el español y viceversa.

En esta conversación el objetivo es parar a alguien por la calle para confirmar que estamos en Akiharaba y, si no es así, dónde queda Akihabara. Empieza con / SÚMIMASÉN / para llamar la atención.

/ SÚMIMASÉN /

Disculpe

/ KOKO, AKIHABARA DES KA ? /

¿Estamos en Akihabara?

/ AKIHABARA, DOKO DES KA ? /

¿Dónde está Akihabara?

/ AKIHABARA, CHIKAI DES KA ? /

¿Está Akihabara cerca?

Son tres preguntas cerradas que te ayudarán a obtener una respuesta monosilábica con un / HAI / o un gesto explicativo

"¿Dónde está Akihabara?"

86

En esta conversación el objetivo es parar a alguien por la calle para preguntar si hay cerca una cafetería o tienda de 24 horas. Imagina que estás sediento y con necesidad de conectarte a una WiFi en la cafetería.

/ SÚMIMASÉN /
Disculpe

/ CHIKAKU NI KAFÉ, ARIMAS KA ? /
¿Hay una cafetería cerca?

/ CHIKAKU NI KOMBINI, ARIMAS KA ? /
¿Hay una combini cerca?

/ STARBUCKS, DOKO DES KA ? /
¿Dónde está Starbucks?

La frase comodín es / DOKO DES KA ? /. Se puede usar para cualquier situación de búsqueda.

CHIKAKU NI BARU ARIMAS KA?

"¿Hay un bar cerca?"

SITUACIÓN
¿ESTE CAMINO LLEVA AL TEMPLO?

En esta conversación el objetivo es confirmar que no estamos perdidos. Paramos a alguien por la calle para preguntarle si el camino presente nos lleva al templo de Kiyomizu. Imagina que no tienes cobertura en tu teléfono o que se ha agotado la batería.

/ SÚMIMASÉN /
Disculpe

/ KORE, KIYOMISUDERA NI IKIMAS KA ? /
¿Esto (= el camino) lleva al templo Kiyomizu?

/ KIYOMISUDERA, CHIKAI DES KA ? /
¿El templo Kiyomizu está cerca?

/ KIYOMISUDERA, TOÓI DES KA ? /
¿El templo Kiyomizu está lejos?

/ ARIGATÓO GOSAIMAS /
Gracias (por su ayuda)

KORE, EKI NI IKIMAS KA?

/ KORE / significa ESTO y es una forma muy básica y efectiva de preguntar cuando el contexto es claro.

/ KORE /
ESTO (refiriéndose a algo presente)

En esta situación el turista que pregunta con / KORE / está inequívocamente refiriéndose al camino que está pateando. Por ello no hace falta dar más detalles.

/ KORE, KIYOMISUDERA NI IKIMAS KA ? /
¿Esto lleva a Kiyomizu?

Ese / KORE / también puede referirse al transporte público que tengamos delante; un taxi, el metro, el tren, etc.

/ KORE, NIP,PONBASHI NI IKIMAS KA ? /
¿Esto lleva a Nipponbashi?

Kore

Aunque ya sabes agradecer con / ARIGATÓO GOSAIMAS /, puede que sientas la necesidad de expresar el agradecimiento con más sentimiento.

Imagina que alguien te ayuda durante una urgencia, un pinchazo de ruedas o un desmayo por golpe de calor. Así le agradeces su ayuda:

/ SÚMIMASÉN /
Disculpe las molestias

/ ARIGATÓO GOSAIMAS, TASKARIMASHTA ! /
Gracias ¡Me fue de gran ayuda!

/ HÓNTONÍ ARIGATÓO GOSAIMAS /
¡De verdad muchas gracias!

Tanto / TASKARIMASHTA ! / (Fue de gran ayuda) como / HÓNTO NÍ / (en serio) son intensificadores de la expresión básica / ARIGATÓO GOSAIMAS /.

HONTO NI
ARIGATÓO
GOSAIMAS

"¡De verdad muchas gracias!"

EL INGLÉS JAPONIZADO

Las siguientes expresiones en japonés son préstamos lingüísticos del inglés. Son comunes en conversación. ¿Reconoces el término inglés original del que provienen?

/ ÓOKÉE DES KA ? /
¿OK?

/ DON MAI ! /
Don't mind! (no se preocupe)

/ CHIKET,TO ! /
¡Ticket!

/ ÓOKÉE DES KA ? / proviene de OK en inglés y se usa con el mismo significado que / DAIYÓOBU DES ! / (no hay problema).

/ FOTO, DAIYÓOBU DES KA ? /
¿Puedo tomar una foto?

/ FOTO, / ÓOKÉE DES KA ? /
¿Puedo tomar una foto?

DON MAI !

ÓOKÉE DES KA

"¡No se preocupe!" "¿OK?"

PRÁCTICA Y VISUALIZACIÓN

Hagamos un ejercicio de memoria y de visualización para probar que dominas el arte de preguntar por la calle.

Lee las siguientes situaciones y piensa tres expresiones clave que usarás en cada una. No tienes que recordar perfectamente los diálogos. Solo tener una idea básica de cómo parar a alguien por la calle, cómo formular una pregunta y cómo agradecer.

EJERCICIO

- SITUACIÓN: ¿DÓNDE ESTÁ YODOBASHI CAMERA?

- SITUACIÓN: ¿DÓNDE HAY UN BAR?

- SITUACIÓN: ¿ESTE CAMINO LLEVA AL CLUB?

- SITUACIÓN: AGRADECE QUE HAYAN ENCONTRADO TU CARTERA

- SITUACIÓN: JAPONIZA OK Y NO TE PREOCUPES

Un consejo para recordar mejor. Cierra los ojos para visualizar mejor la situación. Te puede ayudar a memorizar mejor.

2.3 EL CHECK-IN EN EL HOTEL

Los hoteles funcionan de la misma forma en todo el mundo civilizado. Entramos con un saludo, una llamada de atención y aprendemos a pedir servicios con cortesía. Por suerte hay términos del inglés que nos harán la vida más fácil.

Empecemos repasando las expresiones clave que hemos visto en las clases de japonés imprescindible en la primera sección.

EXPRESIONES CLAVE

/ SÚMIMASÉN /	Disculpe
/ ONEGAI SHIMAS /	Por favor, le pido
/ ARIMAS KA ? /	¿Tiene...? ¿Hay...?
/ YOYAKU SHITEMAS /	Tengo una reserva
/ NIMOTSU ONEGAI SHITAI DESU, DAIYÓOBU DES KA ? /	¿Puede guardarme las maletas?

Lée las expresiones en voz alta y pon a prueba tu memoria intentanto recordar la lista en el mismo orden. Tapa la columna en japonés e intenta recordar el español.

SECUENCIA DE ENTRADA AL HOTEL·····························

La secuencia en resumen de las expresiones que usarás en los hoteles es la siguiente:

/ KON,NICHIWA /
(SALUDO) ¡Hola!

/ SÚMIMASÉN /
(LLAMADA DE ATENCIÓN) Disculpe (atiéndame)

/ ONEGAI SHIMAS /
(PETICIÓN) Por favor, haga esto...

Nadie te quita el saludo inicial de / KON,NICHIWA / ni tampoco la llamada de atención para que te atiendan con / SÚMIMASÉN /.

Cualquier petición en japonés viene acompañada de un / ONEGAI SHIMAS /. Significa "por favor, haga esto que le pido" y las verás usada en todos los diálogos.

"¿Tienen una dakimakura?"

94

LAS EXPRESIONES MÁS ÚTILES EN HOTELES ·········

Hay tres grandes y versatiles expresiones que vas a necesitar en cualquier servicio. No podrás pasar sin estas:

/ (SERVICIO), ARIMAS KA ? /
¿TIENE (tal cosa o servicio)?

/ (SERVICIO), ONEGAI SHIMAS /
POR FAVOR, QUIERO (tal cosa o servicio).

/ (SERVICIO), DOKO DES KA ? /
¿DÓNDE ESTÁ (tal cosa o servicio)?

Memorízalas bien repitiendo en voz alta, listándolas en tus notas o escribiéndolas a mano. En las siguientes páginas las usaremos constantemente.

"¿Tienen?", "¡Por favor!", "¿Dónde?"

El check-in en un hotel puede ser algo tan sencillo como usar los términos / CHEK,KU IN / y / CHEK,KU AUTO / acompañados de la expresión más usada junto con / SÚMIMASÉN /, que es / ONEGAI SHIMAS /.

/ KON,NICHIWA /
¡Hola!

/ SÚMIMASÉN /
Disculpe (que le moleste)

/ CHEK,KU IN, ONEGAI SHIMAS /
¿Me puede hacer el check-in?

/ ANTONIO DE YOYAKU SHITEMAS /
Tengo una reserva con el nombre de Antonio.

/ YOYAKU / significa reserva y / SHITEMAS / indica que "se ha hecho algo". Una forma rápida de aprender YOYAKU es imaginando que le das dos YOYAKAS al recepcionista.

Será común acercarse a la recepción o llamar por el telefonillo al personal para pedirle que "por favor hagan algo" con / ONEGAI SHIMAS /, o para preguntar si "tienen algo" con / ARIMAS KA ? / (el verbo "tener" en japonés).

/ SÚMIMASÉN /

Disculpe (que le moleste)

/ RUUM KII, ONEGAI SHIMAS /

¿Me puede dar la llave de la habitación?

/ HEYA BANGÓO, ONEGAI SHIMAS /

¿El número de la habitación?

/ CHEK,KU AUTO, ONEGAI SHIMAS /

¿Me puede hacer el check-out?

/ WAIFAI, ARIMAS KA ? /

¿Tiene Wi-Fi?

/ PASWÁADO , ARIMAS KA ? /

¿Tiene el password?

/ ATM, ARIMAS KA ? /

¿Hay una ATM?

/ ARIGATÓO GOSAIMAS /

Gracias

La expresión más importante para pedir cosas es:

/ ARIMAS KA ? /
¿Tiene (tal servicio o cosa)?

"¿Tiene...? ¿Y tiene...? ¿Y tiene?"

2.4 CÓMO SUBIR A UN TAXI

No te compliques la vida con los taxistas. No es necesario aprender a decir "siga recto y luego gire a la derecha en la segunda intersección" en japonés. Todos usan GPS y muchos no saben ni siquiera dónde está el lugar que les indicas.

Nuevamente usamos la expresión / ONEGAI SHIMAS / y algunos adverbios de lugar como / KOKO / y / ASOKO /, además de saber preguntar "cuánto es" con / IKURA DES KA ? /.

EXPRESIONES CLAVE

/ -MADE ONEGAI SHIMAS /	Lléveme a... por favor.
/ KOKO DES /	Es aquí (pare aquí)
/ ASOKO DES /	Es en ese lugar
/ IKURA DES KA ? /	¿Cuánto es?
/ MÓO ICHI DO / ONEGAI SHIMAS /	Una vez más (repita), por favor

Cuando salgas de la estación te verás en la necesidad de parar un taxi con / SÚMIMASÉN /, pedirle que te cargue las maletas con / NIMOTSU /, y que te lleve hasta cierto punto con / MADE, ONEGAI SHIMAS /.

/ SÚMIMASÉN /
Perdone

/ NIMOTSU, ONEGAI SHIMAS /
(Hágase cargo de) El equipaje, por favor.

/ KIYOMISUDERA MADE, ONEGAI SHIMAS /
Lléveme a Kiyomizu-dera, por favor.

/ KOKO MADE, ONEGAI SHIMAS /
Lléveme aquí, por favor.

/ KOKO DES ! /
¡Aquí es! (¡Déjeme aquí!)

/ ASOKO DES ! /
¡Ahí es! (¡Déjeme ahí!)

ONEGAI SHIMAS!

El taxi llega a su destino y llegó el momento de pagar. Tienes dos opciones: atreverte a entender lo que te dice, o que te muestre claramente la pantalla digital con el precio (la opción más probable).

/ IKURA DES KA ? /
¿Cuánto es? (cóbreme)

/ NI SEN EN DES /
Son 2000 yenes.

/ MÓO ICHI DO, ONEGAI SHIMAS /
Una vez más (repita), por favor.

/ KAITE KUDASAI /
Escríbalo, por favor.

/ OTSURI TO RESHIITO DES /
La vuelta y el recibo.

/ ARIGATÓO GOSAIMAS /
¡Gracias!

Atención a la palabra usada entre / OTSURI / (recibo) y el / RESHIITO / (recibo) / TO / significa "y".

MÓO ICHI DO

ONEGAI SHIMAS

101

Los taxistas japoneses son ancianos en su mayoría. Te podrás encontrar con taxistas tan parco en palabras que te dará miedo preguntar, así como taxistas curiosos por saber de dónde vienes.

Así es cómo te preguntarán "de dónde vienes":

/ OKUNI WA DOKO DES KA ? /
¿De qué país es usted?

/ OKUNI WA DOCHIRA KARA DES KA ? /
¿De qué país viene usted?

/ OKUNI WA? /
¿Tu país?

La respuesta es tan sencilla como decir el nombre de tu país:

/ SUPEIN DES /
(Mi país es) Soy de España.

¿DE QUÉ PAÍS ERES?

Llegó el momento de memorizar. Esta es la frase que más dirás en japonés en tu viaje.

/ SUPEIN DES /	Soy de España.
/ MEKISHIKO DES /	Soy de México.
/ PERUU DES /	Soy de Perú.
/ ARUSENCHIN DES /	Soy de Argentina.
/ CHIRI DES /	Soy de Chile.

/ NIHON WA SUKI DES KA ? /
¿Le gusta Japón?

/ NIHON WA DÓO DES KA ? /
¿Qué tal Japón?

/ DAI SUKI DES ! /
¡Me encanta!

"¡Me encanta Japón!"

TARIFAS COMUNES EN TAXIS ....

Los taxis en Japón salen caros. En otros países asiáticos el taxi (y sus variantes) son un medio de transporte económico para los turistas, pero no es una opción aconsejable en Japón por los elevados precios de sus tarifas.

Solo recomiendo el taxi en viajes de 3 ó 4 personas y especialmente para trayectos cortos. En caso contrario, la opción más aconsejable es viajar en metro o en tren.

Por poner un ejemplo, un trayecto de 15 minutos para recorrer de 4 a 5 kilómetros en ciudad durante el día cuesta 1.800 yenes (16 USD / 15 EUR / 310 MXN) que, dividido entre cuatro, puede salir por el mismo precio que un billete de tren (400 yenes).

Relájate en los taxis japoneses porque están bien equipados con pantallas digitales y rara vez tendrás dudas con la tarifa, pero quedarás muy bien si le sorprendes con / IKURA DES KA ? / (¿Cuánto es?) al llegar al destino.

2.5 COMPRAR EN UNA TIENDA

En Japón te esperan muchas tiendas con productos frikis, tiendas antiguas de discos, cds y vinilos, o tiendas de productos cosméticos. En todos estos comercios podrás poner a prueba tu japonés.

EXPRESIONES CLAVE

/ KORE KUDASAI! /	Quiero esto.
/ KORE HITOTSU KUDASAI /	Quiero UNO de esto
/ KORE TO KORE TO KORE KUDASAI	Quiero eso, eso y eso
/ ARIMAS KA ? /	¿Tienen...?
/ DOKO DES KA ? /	¿Dónde tienen...?
/ DAIYÓOBU DES KA ? /	¿Se puede? ¿Habría algún problema?

Especial mención / KORE, KUDASAI! / y / ARIMAS KA ? / para que nos localicen ese producto o marca que buscamos en la tienda.

Las tiendas en Japón pueden ser muy grandes. No es fácil encontrar el manga, anime o revista que buscamos. Para ello tendremos que preguntar con un "¿tienen?", / ARIMAS KA ? /, y la gran expresión "¿Dónde está?", / DOKO DES KA ? /.

/ SÚMIMASÉN /
Perdone

/ DORAGON BÓORU NO FIGYUA, ARIMAS KA ? /
¿Tienen figuras de Dragon Ball?

/ DORAGON BO-RU NO KÓONÁA, DOKO DES KA ? /
¿Dónde está la sección de Dragon Ball?

"¿Tienen figuras de DB?", "¿Dónde están?"

CONECTA PALABRAS CON / NO / (DE)

En japonés se usa la palabra / NO / (nuestra preposición "de") para conectar dos nombres. Fíjate cómo se usa el / NO / en los ejemplos:

/ NARUTO NO TII SHATSU /

una camiseta **de** Naruto

/ KIÓTO NO MACH,CHA /

el té maccha **de** Kioto

/ SONII NO KAMERA /

una cámara **de** Sony

Naruto   tii shatsu

Kiooto   NO   mach, cha

Sonii   Kamera

/ NO / significa "de" y el orden se invierte.

Los centros y distritos comerciales tienen decenas de secciones (/ KÓONÁA / del inglés CORNER). En esta situación localizamos la / KÓONÁA / de té maccha y pedimos con / KORE, KUDASAI /.

/ SÚMIMASÉN /
Perdone

/ MACH,CHA NO KÓONÁA, DOKO DES KA /
¿Dónde está la sección de té maccha?

/ KORE, KUDASAI ! /
Póngame esto (quiero esto)

/ IKURA DES KA ? /
¿Cuánto es?

En pequeños comercios raramente se puede usar tarjeta de crédito. No habrá forma de confirmar el precio más que pidiendo que repita o que lo ponga por escrito con / KAITE KUDASAI /.

/ MÓO ICHIDÓ / REPITE POR FAVOR ······························

La expresión para decir "repite" es / MÓO ICHI DÓ /. / ICHI / es el número 1 y / MÓO / es como decimos "otra más".

/ MÓO ICHI DÓ, ONEGAI SHIMAS /
Otra vez, por favor (repita).

/ KAITE KUDASAI /
/ SÚMIMASÉN /
Escríbalo por favor.

Disculpe (por las molestias)

Es muy importante disculparse por las molestias causadas. Es una formalidad y un gesto de modestia que los japoneses agradecen mucho. Recuerda que estás en el país del / SÚMIMASÉN /.

"Otra vez", úsalo para que lo repitan.

SITUACIÓN
PEDIR PERMISO PARA PROBARSE ROPA

Cuando compramos ropa se hace especialmente importante pedir permiso con / DAIYÓOBU DES KA ? / ("¿Habría algún problema si...?"). Vemos dos verbos flexionados que son / MITEMO / (ver o mirar) y / SAWATTEMO / (tocar).

/ SÚMIMASÉN /
Perdone

/ SHICHAKU, DAIYÓOBU DES KA ? /
¿Puedo probarme (la prenda)?

/ FOTO, DAIYÓOBU DES KA ? /
¿Puedo tomar una foto?

/ MITEMO DAIYÓOBU DES KA ? /
¿Puedo mirar?

/ SAWAT,TEMO DAIYÓOBU DES KA ? /
¿Puedo tocar?

"¿Puedo tocar?", dice Faseuno.

CÓMO PEDIR PERMISO EN JAPONÉS

La expresión / DAIYÓOBU DES KA ? / es de las más usadas en japonés junto con / SÚMIMASÉN /.

/ DAIYÓOBU / puede significar "todo va bien", "no pasa nada", "no hay problema", "no se preocupe", etc.

/ DAIYÓOBU DES KA ? /

Se usa en combinación con nombres y verbos para pedir permiso. Di primero / FOTO / seguido de / DAIYÓOBU DES KA ? / y estarás literalmente diciendo "¿Hay algún problema si hago una foto?".

/ TABACO, DAIYÓOBU DES KA ? /
/ OSAKE, DAIYÓOBU DES KA ? /

/ OSAKE / significa bebida alcohólica. Nada que ver con el sake japonés aunque la palabra sea la misma. Los japoneses usan / NIHON SHU / para referirse al sake (alcohol japonés destilado del arroz).

/ MITEMO DAIYÓOBU DES KA ? /
¿Se puede mirar?

/ HAIT,TEMO, DAIYÓOBU DES KA ? /
¿Se puede entrar?

/ SAWAT,TEMO DAIYÓOBU DES KA ? /
¿Se puede tocar?

/ MITEMO/, / HAIT,TEMO / y / SAWAT,TEMO / son verbos flexionados. Apréndelos de memoria para usarlos en las tiendas.

En esta situación aprendemos varios adjetivos básicos. El objetivo en una tienda de ropa es encontrar ropa a tu medida. Las tallas en Japón pueden ser tan pequeñas (/ CHICH,CHAI /) que tendrás que preguntar si tienen algo de mayor tamaño con / ARIMAS KA ? /.

/ OK,KII NO, ARIMAS KA ? /
¿Tienen una (talla) grande?

/ MOT,TO OK,KII NO, ARIMAS KA ? /
¿Tienen una (talla) más grande?

/ CHICH,CHAI NO, ARIMAS KA ? /
¿Tienen una (talla) pequeña?

/ MOT,TO CHICH,CHAI NO, ARIMAS KA ? /
¿Tienen una (talla) más pequeña?

/ SÚMIMASÉN, SAISU, AWANAI DES /
Disculpe (pero) no me va bien (no es mi talla).

/ ARIMAS / es el verbo HABER o TENER cosas. Es una expresión tremendamente importante.

PIDE TALLAS Y EL COLOR A TU MEDIDA

Te propongo un ejercicio de memorización y práctica de preguntas con adjetivos básicos. Dedica unos minutos a leer, pronunciar y recordar el vocabulario de abajo

MEMORIZACIÓN DE VOCABULARIO

Los colores básicos en japonés son muy sencillos. Por suerte, te entenderán los colores en inglés.

/ KURO /	negro
/ SHIRO /	blanco
/ AKA /	rojo
/ AO /	azul
/ PINKU /	rosa

Aprende un adverbio y un adjetivo de alta frecuencia.

/ MOT,TO /	más
/ CHICH,CHAI /	pequeño
/ OK, KII /	grande

Y recuerda las expresiones más útiles para hablar.

/ ARIMAS KA ? /	¿Tienen?
/ SAISU /	Talla (del inglés SIZE)
/ AWANAI DES /	No me queda bien

EJERCICIO: PREGUNTAS DE COLOR Y TAMAÑO

Imagina que estás en una tienda de ropa o de accesorios. Traduce las siguientes formas de pedir un color y tamaño diferente. Pronuncia en voz alta y visualiza mentalmente la situación.

Sigue el ejemplo de las expresiones de abajo. Encuentra las respuestas al final del libro.

/ OK,KII NO, ARIMAS KA ? /
¿Tienen una (talla) grande?

/ MOT,TO OK,KII NO, ARIMAS KA ? /
¿Tienen una (talla) más grande?

¿Lo tienen en rojo? ¿en negro? ¿en rosa?

¿Lo tienen en azul? ¿en blanco?

(Esta talla) no me queda bien.

¿Tienen una (talla) más pequeña?

¿Tienen una (talla) más pequeña?

Imagina que te muestran una prenda de vestir con un precio muy elevado o muy bajo. Puedes reaccionar diciendo "¡qué caro" o "¡qué barato" ante los productos que el tendero te vaya mostrando.

/ YASUI DES NE /
¡Qué barato!

/ TAKAI DES NE /
¡Qué caro!

Cuando te traigan justamente ese producto que buscabas reacciona con sorpresa usando / SUGOI / ("increíble").

/ SUGOI DES NE /
¡Es increíble! (= me encanta)

/ KORE DES /
¡Esto es! (lo que yo buscaba)

"¡Increíble!", "¡Esto es!"

El 60% de las transacciones en Japón se hace en metálico (monedas y billetes). Deberás preguntar si aceptan tarjeta (/ KUREYIT,-TO KÁADO /, del inglés CREDIT CARD), y probablemente te dirán que no, que solo aceptan metálico (/ GUENKIN DAKE DES /).

/ SÚMIMASÉN /
Perdone

/ CREDIT CARD, ÓK,KÉE DES KA ? /
¿Tarjeta, OK?

/ CREDIT CARD, DAIYÓOBU DES KA ? /
¿Se puede usar tarjeta?

/ SÚMIMASÉN, GUENKIN DAKE /
Disculpe. Solo (aceptamos) metálico.

/ SÚMIMASÉN, GUENKIN NOMI /
Disculpe. Solo (aceptamos) metálico.

"¿Se puede usar tarjeta?", "No, solo metálico."

TRES FORMAS DE DECIR "SE PUEDE"......................

En japonés se pide permiso con "se puede" de tres formas muy comunes. Las dos primeras que ya conoces son:

/ ÓK,KÉE DES KA ? /
¿OK?

/ DAIYÓOBU DES KA ? /
¿SE PUEDE?

Hay otra forma muy común de preguntar si se puede usar algo (tarjeta de crédito) con / TSUKAEMAS KA ? / (del verbo TSUKAU "usar").

/ TSUKAEMAS KA ? /
¿SE PUEDE USAR?

/ CREDIT CARD, TSUKAEMAS KA ? /
¿Se puede usar tarjeta?

A diferencia de / ÓK,KÉE DES KA? / y / DAIYÓOBU DES KA ?/, / TSUKAEMAS / es literalmente "SE PUEDE USAR", con el verbo PODER y USAR (TSUKAEMASU). Eso significa que ya sabes tres formas de preguntar si se puede usar tarjeta de crédito.

/ CREDIT CARD, ÓK,KÉE DES KA ? /
¿Tarjeta de crédito OK?

/ CREDIT CARD, DAIYÓOBU DES KA /
¿Tarjeta de crédito OK?

/ CREDIT CARD, TSUKAEMAS KA ? /
¿Tarjeta de crédito, se puede usar?

EJERCICIO CON ¿OK? O ¿SE PUEDE?

Practica con las siguientes tres formas de pedir permiso.

(ALGO) / ÓK,KÉE DES KA ? /
(ALGO) / DAIYÓOBU DES KA ? /
(ALGO) / TSUKAEMAS KA ? /
¿Se puede (ALGO)?

Haz las tres preguntas en voz alta para cada palabra. Imagina que estás en un comercio y le preguntas al dependiente si se puede usar lo siguiente:

/ BISA KÁADO /	tarjeta de crédito
/ DEBIT,TO KÁADO /	tarjeta de débito
JR PASS	/ YEE AARU PAS /
/ KORE /	Esto (mostrando con la mano)

_____

_____

_____

_____

2.6 PEDIR CAFÉ
EN LA CAFETERÍA

En Japón encontrarás dos tipos de cafeterías; las clásicas llamadas / KIS,SATEN / (literalmente "cafeterías" o "teterías") que llegaron en la era de la occidentalización a finales del siglo XIX, y las más modernas cafeterías, llamadas / KAFÉ /, que siguen el estilo estadounidense como Starbucks, Dotour, Tully's o St. Marc Café.

Las / KIS,SATEN / tienen el encanto de la historia y la tradición cafetera de un Japón de las eras Meiji, Taisho y Showa (de 1868 a 1989).

En las / KIS,SATEN / los menús suelen estár completamente en japonés y, por ello, la comunicación con los camareros es esencial. Son buenos lugares para practicar tu japonés como turista.

Por otro lado tenemos las cafeterías modernas con un protocolo que vemos en el mundo civilizado. El ambiente es el mismo que en los aeropuertos.

El trato al cliente está protocolarizado y hay un estándar global de pedir en la barra con un menú con imágenes, pagar al momento y elegir un asiento sin ninguna atención por parte de los camareros.

EXPRESIONES CLAVE QUE ESCUCHARÁS

Lee cada expresión en voz alta y analiza su significado antes de pasar a las situaciones.

Expresiones que escucharás:

/ GOCHÚUMON WA OKIMARI DES KA ? /
¿Ya sabe qué va a pedir?

/ OKAIKÉE WA NANA HYAKU EN DES /
(La cuenta) Son 700 yenes.

"¿Ya sabe qué va a pedir?", "Póngame uno por favor."

EXPRESIONES CLAVE QUE USARÁS

Las siguientes expresiones te serán esenciales para pedir en las cafeterías, especialmente en las tradicionales / KIS,SATEN /.

/ HITOTSU, ONEGAI SHIMAS /

Póngame uno, por favor.

/ KAFÉ LATÉ, HOT,TO, EMU SAISU /

Un café con leche, caliente y tamaño M (mediano).

/ OSUSUME, NAN DES KA ? /

¿Qué recomienda?

/ OMISU, ARIMAS KA ? /

¿Tienen agua?

/ OKAIKÉE, BETSU BETSU DE, ONEGAI SHIMAS /

La cuenta, por separado, por favor.

Entramos en una / KIS,SATEN / y nos dan un menú en japonés.
Pides menú en inglés (/ EIGO NO MENYÚU, ARIMAS KA ? /)
pero no tienen (/ ARIMASEN / "no tenemos").

/ IRASH,SHAIMASÉ ! /
¡Bienvenido!

/ GOCHÚUMON WA OKIMARI DES KA ? /
¿Ya sabe qué va a pedir?

/ EIGO NO MENYÚU, ARIMAS KA ? /
¿Tienen menú en inglés?

/ SÚMIMASÉN, ARIMASEN /
Disculpe. No tenemos.

/ KÓOHII, ARIMAS KA ? /
¿Tienen café largo?

/ KÓOHII, FUTATSU KUDASAI /
Dos cafés largos, por favor.

KÓOHII, ARIMAS KA?

ARIMASEN

"¿Tienen café?", "No tenemos."

122

Entramos en una / KIS,SATEN / que sí tiene menú en inglés pero el que nos pone en las manos está en japonés. Pide el menú en inglés con / ARIMAS KA ? /.

/ IRASH,SHAIMASÉ ! /

¡Bienvenido!

/ GOCHÚUMON WA OKIMARI DES KA ? /

¿Ya sabe qué va a pedir?

/ EIGO NO MENYÚU, ARIMAS KA ? /

¿Tienen menú en inglés?

/ KÉÉKI SET,TO, FUTATSU, ONEGAI SHIMAS /

Póngame dos CAKE SET, por favor.

/ KÓOHII KA KÓOCHA DES KA ? /

¿Es (esto) café o té?

/ HOT,TO KÓOHII, ONEGAI SHIMAS /

Un café caliente, por favor.

EIGO NO MENIÚu ARIMAS KA ?

"¿Tienen menú en inglés?"

123

TIPOS DE CAFÉ EN JAPÓN

En las cafeterías se sirven cafés con una carga de expreso y bastante agua. Es el llamado café largo o café americano. También puedes pedir un café caliente (/ HOT,TO KÓOHÍI / o HOT COFFEE), o pedir un café con hielo (/ AISU KÓOHII / o ICE COFFEE).

/ HOT,TO KÓOHII, ONEGAI SHIMAS /
Póngame un café caliente, por favor.

/ AISU KÓOHII, ONEGAI SHIMAS /
Póngame un café con hielo, por favor.

"Por favor", usado para pedir.

Al pedir en una cafetería tradicional, el camarero nos dejará el ticket de pago en la mesa y bocabajo. Tendrás llevar ese ticket al mostrador al pagar. En ese momento le pides la cuenta al camarero con / OKAIKÉE ONEGAI SHIMAS /.

/ OKAIKÉE ONEGAI SHIMAS /
La cuenta (cóbreme), por favor.

/ OKAIKÉE WA NANA HYAKU EN DES /
La cuenta son 700 yenes.

/ KAITE KUDASAI, SÚMIMASÉN /
Escríbalo por favor. Disculpe (la molestia).

/ KUREYITTO KÁADO, OK,KÉE DES KA /
¿Se puede pagar con tarjeta de crédito?

/ SÚMIMASÉN, GUENKIN DAKE DES /
Disculpe. Solo dinero en metálico.

"Disculpe. Solo metálico."

Ahora estás esperando en el mostrador de una cafetería con la mirada puesta en el menú con dibujos. La dependiente te atiende con un / GOCHÚUMON WA OKIMARI DES KA ? /.

Pidamos un café con leche, / KAFÉ LATÉ /, y un / DÓONATSU / (dónut) con / ONEGAI SHIMAS /.

/ GOCHÚUMON WA OKIMARI DES KA ? /
¿Ya sabe qué va a pedir?

/ KAFÉ LATÉ, HOT,TO, EMU SAISU HITOTSU, ONEGAI SHIMAS /
Un café laté, caliente, tamaño M
Uno, por favor.

/ SOREKARA, DÓONATSU, HITOTSU, ONEGAI SHIMAS /
Y también un dónut, por favor.

/ DÓONATSU, HITOTSU DES, SOCHIRA DE, OMACHI KUDASAI ! /
(Confirmo) Un dónut. ¡Espere un momento!

/ OKAIKÉE WA NANA HYAKU EN DES /
La cuenta son 700 yenes.

/ KUREYITTO KÁADO, OK,KÉE DES KA ? /
¿Se puede pagar con tarjeta de crédito?

/ SÚMIMASÉN, GUENKIN DAKE DES /
Disculpe. Solo (aceptamos) metálico.

DOS FORMAS DE PRONUNCIAR OK

Hay dos formas de pronunciar OK en japonés; una es estirando las vocales y la otra es repitiendo la K dos veces de la siguiente manera:

/ OK,KÉE /
/ ÓOKÉE /
OK

El uso de este préstamo inglés es tan reconocido que se entenderá aunque lo pronuncies en inglés.

Recuerda que la forma más japonesa de decir OK es con / DAIYÓOBU DES ! /.

/ DAIYÓOBU DES ! /
OK

No hay ningún problema (/ DAIYÓOBU DES ! /) en usar OK o esta expresión.

Imagina que entras en una de esas cafeterías con las paredes llenas de carteles con kanjis japoneses y sin referencias visuales de los platos. Es el momento de pedir una recomendación con / OSUSUME, ARIMAS KA ? / ("¿Tiene una recomendación?").

/ SÚMIMASÉN /

Perdone

/ OSUSUME, NAN DES KA ? /

¿Cuál es la recomendación?

/ OSUSUME, ARIMAS KA ? /

¿Tiene una recomendación?

/ KONO KÉEKI SET,TO WA OSUSUME DES /

Le recomiendo este set de café con un pastel.

/ KORE, KUDASAI /

(Señalando) ¡Póngame este!

/ OHITOTSU? OFUTATSU DES KA ? /

¿Le pongo uno o dos?

/ KORE, HITOTSU, KORE HITOTSU, ONEGAI SHIMAS /

Póngame uno de este, y uno de este, por favor.

Usa las recomendaciones / OSUSUME, ARIMAS KA ? / aunque no te interese pedir una. Es una buena oportunidad para interactuar en japonés.

CÓMO PEDIR UNA RECOMENDACIÓN

Hay dos formas de pedir una recomendación con exactamente el mismo resultado:

/ OSUSUME, NAN DES KA ? /
¿Cuál es la recomendación?

/ OSUSUME, ARIMAS KA ? /
¿Tiene una recomendación?

/ NAN DES KA ? / significa "¿Cuál es?" y / ARIMAS KA ? / usa el verbo TENER (/ ARIMAS /) para preguntar "¿TIENE?".

La diferencia es mínima y ambas suenan igual de naturales. Úsalas indistintamente.

"¿Tiene una recomendación?"

¿Sabías que en Japón el agua es gratis en restaurantes y cafeterías?

Uno de los privilegios de restaurantes, bares y cafeterías en Japón es que el cliente tiene derecho a pedir agua sin coste adicional alguno (ejem). Por lo tanto, podrás pedir que te pongan agua al sentarte o que te llenen el vaso con / OMISU, KUDASAI /.

/ SÚMIMASÉN /
Perdone

/ OMISU, ARIMAS KA ? /
¿Tiene agua?

/ OMISU, KUDASAI /
(Póngame) Agua, por favor.

"¡Agua, por favor!"

Ahora pidamos específicamente uno, dos o tres vasitos de agua con / HITOTSU /, / FUTATSU / y / MIT,TSU /. Te sientas en la mesa con tus amigos, miras al camarero y le pides directamente agua fría para tres con / OMISU, MIT,TSU KUDASAI /. En la sección de números los tienes explicados en detalle.

/ OMISU, HITOTSU KUDASAI /

UN (1 vasito de) agua, por favor.

/ OMISU, FUTATSU KUDASAI /

DOS (2 vasitos de) agua, por favor.

/ OMISU, MIT,TSU KUDASAI /

TRES (3 vasitos de) agua, por favor.

El camarero estará pendiente de tu vasito de agua y se acercará a tu mesa a rellenártelo con la siguiente propuesta:

/ OMISU NO OKAWARI, IKAGA DES KA ? /

¿Le apetece otro vaso de agua?

/ HAI! SÚMIMASÉN /

Sí, gracias.

Recuerda usar / SÚMIMASÉN / en lugar de / ARIGATÓO / para agradecer que se hayan tomado las molestias de servirte de nuevo.

/ OMISU NO OKAWARI, KUDASAI! /

¡Un vaso de agua más, por favor!

/ OKAWARI / significa "un recambio" o "un reemplazo" y puedes repetir tantas veces como quieras con la misma frase.

Llega el momento de pagar y tú y tus amigos os acercáis al mostrador. El dependiente te preguntará si uno va pagar por todos o si debería cobrar por separado con / OKAIKÉE WA GO ISH,SHO DES KA ? /.

/ OKAIKÉE WA GO ISH,SHO DES KA ? /
¿Se lo cobro todo junto?

/ OKAIKÉE, BETSU BETSU DE, ONEGAI SHIMAS /
Cóbrenos por separado, por favor.

/ OKAIKÉE, ISH,SHO DE, ONEGAI SHIMAS /
Cóbrenos todo junto, por favor.
(Saliendo del local y diciendo en voz alta)

/ GOCHISÓO SAMA DESHTA /
¡Gracias! ¡Estaba delicioso!

/ ARIGATÓO GOSAIMASHTA /
¡Gracias!

"La cuenta", "por separado", "¡por favor!"

132

CÓBREME POR SEPARADO

La palabra para indicar que te deben cobrar por separado es / BETSU BETSU /. Literalmente significa "diferente" y se repite dos veces para formar un plural.

/ OKAIKÉE, BETSU BETSU DE, ONEGAI SHIMAS /

Cóbrenos por separado, por favor.

QUE APROVECHE Y GRACIAS POR EL MANJAR

Cuando nos sirven la comida decimos / ITADAKIMAS /. Significa "gracias por este manjar". Se suele acompañar con las palmas de las manos juntas enfrente de la comida. Es como si estuvieras orando o bendiciendo la mesa.

/ GOCHISÓO SAMA DESHTA / es una bonita forma de agradecer que la comida o aperitivo servidos estaban exquisitos. / GOCHISÓO / significa literalmente "un gran manjar" y la frase dice "¡Qué gran manjar fue!". Es una formalidad al terminar de comer.

2.7 PEDIR EN UN RESTAURANTE

Hay dos tipos de restaurantes en Japón: los tradicionales, normalmente pequeños locales con capaciad para un máximo de 5 a 10 personas, y con un menú sencillo y especializado, sin entrantes ni postres. ¡Estos son nuestros favoritos!

Por otro lado los llamados restaurantes familiares o / FAMILY RESTORAN /, que cuentan con locales grandes, de 20 a 50 asientos y un menú occidental con entrantes, plato principal, postre y la posibilidad de tomar un café en el mismo lugar.

Cuando pienses en degustar sushi, sashimi, okonomiyaki, takoyaki o brochetas de pollo kushikatsu tendrás que pasar por estos restaurantes tradicionales.

Los / FAMILY RESTORAN / (como Saizeirya, Gust o Denny's) van bien cuando te cansas de tanto arroz, té y comidas rápidas de un solo plato. Siempre tendrás la opción de comer en restaurantes occidentales (¡aparte del Mc Donalds!) para degustar carne, pollo y ensaladas al estilo occidental, con postre y café al final.

EXPRESIONES CLAVE

/ HITORI DES /	Una persona
/ ONEGAI SHIMAS /	Póngame... por favor
/ KARAI DES KA ? /	¿Es picante?
/ OSUSUME /	Recomendación
/ TÉESHOKU /	Menú del día
/ NASHI DE /	Sin...
/ HAIT,TEMAS KA /	¿Lleva... ?

La realidad en Japón lejos de la gran urbe de Tokio, es que muy poca gente habla inglés. Si tu intención es visitar restaurantes locales en zonas remotas, tendrás que pedir y preguntar mucho en japonés para que te sirvan.

"¡Pasen! ¡Bienvenidos!", así te reciben en comercios.

En el momento en el que entras en un restaurante levantando la cortinita con una mano, te recibirán con un / IRASSHAIMASE ! / (¡Bienvenido!) y, si hay mesas, te preguntarán para cuántos es la comida con / NANMÉE SAMA DES KA ? /. ¡Lúcete con tu japonés!

/ IRASSHAIMASÉ ! /
¡Bienvenidos!

/ NANMÉE SAMA DES KA ? /
¿Para cuántas personas es?

/ SÚMIMASÉN, HITORI DES /
Perdone, solo uno.

/ OTABAKO WA? /
¿Fuma?

/ NO SMOKING DE, ONEGAI SHIMAS /
No Smoking (no fumadores), por favor.

/ HAI! OMACHI KUDASAI /
Un momento, por favor.

/ KOCHIRA E DÓOSO ! /
¡Por aquí! ¡Adelante!

LA FRASE MÁS PRO PARA PEDIR

Te recomiendo que entres en el restaurante tomando la iniciativa. Antes de que te pregunten diles el número de personas y que no fumas.

/ SÚMIMASÉN, HITORI DES, NO SMOKING DE, ONEGAI SHIMAS /

Perdone, solo uno y no fumador, por favor.

La mejor forma de pedir una mesa.

SITUACIÓN
PEDIR MESA PARA TRES

En la situación anterior has entrado solo. Ahora entras con dos amigos más. En lugar de decir / HITORI DES / tendrás que usar / SAN,NIN DES / (somos tres).

/ IRASSHAIMASE ! /
¡Bienvenidos!

/ NANMÉE SAMA DES KA ? /
¿Para cuántas personas es?

/ SÚMIMASÉN, SAN,NIN DES /
Perdone, somos tres.

/ OTABAKO WA? /
¿Fuman?

/ NO SUMOKING DE, ONEGAI SHIMAS /
Non Smoking (no fumadores), por favor.

/ HAI! OMACHI KUDASAI /
Disculpe la espera.

/ KOCHIRA E DÓOSO ! /
¡Por aquí! ¡Adelante!

En restaurantes pequeños, de una sola barra y sin asientos, no te vendrá nadie a preguntar. Entra directamente a pedir llamando su atención con / SÚMIMASÉN /.

139

PIDIENDO MESA PARA 1, 2, 3 Y 4 PERSONAS

Puedes pedir mesa para 1 con / HITORI /), 2 con / FUTARI /, para 3 con / SAN,NIN /, y / YONIN / para 4 personas.

/ HITORI DES /	PARA UNO
/ FUTARI DES /	PARA DOS
/ SAN,NIN DES /	PARA TRES
/ YONIN DES /	PARA CUATRO

Como habrás podido ver, los números / ICHI NI SAN / no se usan en esta ocasión. El motivo es que en japonés tenemos contadores específicos para personas. Revisa la lección de los números en la primera sección del libro.

hitori

Sumimasen futari

San,nin

Pide para uno, para dos o para tres.

140

Encontrarás el menú en la mesa o colgado en las paredes. En restaurantes tradicionales no suelen mostrar fotos de los platos. Puedes usar / ARIMAS KA ? / para preguntar si "TIENEN" algo, seguido de la palabra mágica / OSUSUME / (recomendación) y, si es el mediodía, / TÉESHOKU / para pedir el menú del día.

/ SÚMIMASÉN /
Perdone

/ TÉESHOKU, ARIMAS KA ? /
¿Tienen menú del mediodía?

/ OSUSUME, NAN DES KA ? /
¿Qué me recomienda?

/ KORE, CHIKIN DES KA ? /
¿Es esto pollo?

/ KARAI DES KA ? /
¿Está picante?

/ CHOT,TO MAT,TE KUDASAI /
Espere un momento.

TÉESHOKU ARIMAS KA?

"¿Tienen menú del día?"

Si eres vegetariano, vegano o tienes alguna alergia podrás usar una de las siguientes frases con / DES / ("SOY" o "SOMOS").

/ BEJITARIAN DES /

Soy / Somos vegetarianos.

/ ARERUGI- DES /

Soy / Somos alérgicos.

Preguntar si algo LLEVA, / HAIT,TEMAS KA /, tal ingrediente o si lo pueden QUITAR con / NASHI DE ONEGAI SHIMAS /.

/ WASABI NASHI DE ONEGAI SHIMAS /

Sin wasabi, por favor.

/ TAMAGO NASHI DE ONEGAI SHIMAS /

Sin huevo, por favor.

/ WASABI, HAIT,TEMAS KA /

¿Lleva wasabi?

/ KOMÚGUIKÓ, HAIT,TEMAS KA /

¿Lleva trigo?

Nashí de

Hait, temas Ka

"SIN..." y "LLEVA...", esencial para pedir.

INGREDIENTES MÁS PROBLEMÁTICOS

/ WASABI /	picante wasabi (verde)
/ NIN,NIKU /	ajo
/ TAMANEGUI /	cebolla
/ NEGUI /	puerro (hojas de cebolleta)
/ TAMAGO /	huevo
/ NAT,TSU /	almendras
/ KOMUGUIKO /	trigo
/ GYUU NYUU /	leche

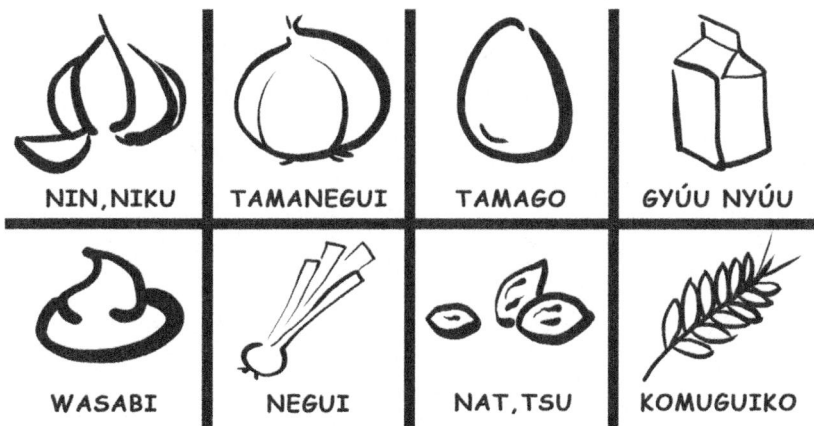

| NIN,NIKU | TAMANEGUI | TAMAGO | GYÚU NYÚU |
| WASABI | NEGUI | NAT,TSU | KOMUGUIKO |

"SIN..." y "LLEVA...", esencial para pedir.

Llega el momento de pedir uno, dos o tres menús del día (/ TÉESHOKU /). Esté o no mirándote el camarero o cocinero, grita / TÉESHOKU, HITOTSU, KUDASAI / (¡un menú, por favor!).

/ SÚMIMASÉN ! /

Perdone (= ¡atiéndame!)

/ GO CHÚUMON WA OKIMARI DES KA ? /

¿Qué van a pedir?

/ KARAAGE TÉESHOKU, HITOTSU, KUDASAI /

Un menú de pollo frito (para mí), por favor.

/ HANBÁAGU, HITOTSU, KUDASAI /

Un menú con hamburguesa (para mí), por favor.

EJERCICIO: PRACTICA CON LOS MENÚS

Pide tú mismo los siguientes menús del día, / TÉESHOKU /, recreando la conversación de la situación anterior. Empieza con un buen / SÚMIMASÉN / para pedir con cortesía.

/ HAMBÁAGU TÉESHOKU /	menú con hamburguesa
/ KARAAGE TÉESHOKU /	menú con pollo frito
/ PASTA TÉESHOKU /	menú con pasta (espaguetis)

Típico menú del día o / TÉESHOKU /.

Cuanto hayas pedido por dos o tres personas el dependiente te preguntará si vais a pagar todos juntos (/ ISH,SHO DE /) o si debería cobrar a cada uno por separado (/ BETSU BETSU DE /) así:

/ OKAIKÉE, ONEGAI SHIMAS /

La cuenta, por favor.

/ OKAIKÉE WA GO ISH,SHO DES KA ? /

¿Se lo cobro todo junto?

/ OKAIKÉE, BETSU BETSU DE, ONEGAI SHIMAS /

La cuenta (cóbrenos) por separado, por favor.

/ OKAIKÉE, ISH,SHO DE, ONEGAI SHIMAS /

La cuenta (cóbrenos) todos juntos, por favor.

/ CREDIT CARD, ÓK,KÉE DES KA ? /

¿Tarjeta, OK?

/ GOCHISÓO SAMA DESHTA /

¡Gracias! ¡Estaba delicioso!

/ GOCHISÓO SAMA DESHTA / es una bonita forma de agradecer que la comida estaba exquisita. / GOCHISÓO / significa literalmente "un gran manjar" y la frase dice "¡Qué gran manjar fue!".

Recuerda que en Japón rara vez se paga en la mesa. Se paga en el mostrador, cerca de la salida. Se considera de mala educación poner dinero en el mismo lugar donde se come.

CÓBREME POR SEPARADO O JUNTOS··

Tanto si tienes claro que vas a pagar por todos como si quieres que cobren a cada uno por separado, ten por costumbre dejarlo claro al personal.

/ OKAIKÉE, BETSU BETSU DE, ONEGAI SHIMAS /

La cuenta (cóbrenos) por separado, por favor.

/ OKAIKÉE, ISH,SHO DE, ONEGAI SHIMAS /

La cuenta (cóbrenos) todos juntos, por favor.

La magia está en / BETSU BETSU DE / y / ISH,SHO DE /.

La tríada del bar o restaurante:
La cuenta, por separado y por favor.

2.8 PEDIR CERVEZA EN UN BAR

En Japón encontrarás dos tipos de bares o tabernas:

- Los / OMISE /: clásicos y pequeños bares japoneses con sus mini barras y pocos asientos.

- Los / ISAKAYA /: restaurante con un formato que puede ser tanto oriental (mesas bajas y cojines por asiento), como occidental (mesas altas y sillas), con mesas aisladas para cada grupo y con un menú exclusivamente de bebidas alcohólicas con tapas.

Estos / ISAKAYA / son el lugar de reunión favorito para trabajadores de oficina (los "salaryman") y obreros.

También encontrarás los populares pubs irlandeses con un claro estilo europeo, parecidos a los que vemos en España pero con un ambiente más nocturno. Son más frecuentados por extranjeros y suelen atender sin problemas en inglés.

Recomendamos las / ISAKAYA / y los pequeños bares o comercios. Sin duda son lugares perfectos para practicar japonés.

LA FRASE CLAVE: ¡PÓNGAME UNA CERVEZA!

/ NAMA BÍIRU ! IPPAI ! /

¡Póngame una cerveza!

/ NAMA BÍIRU ! HITOTSU KUDASAI ! /

¡Póngame una cerveza!

La forma más natural es con / IPPAI ! / (una copa o una bebida). Es la que usan los japoneses.

La segunda forma es la más estándar. Empezamos con la cerveza / NAMA BÍIRU / (CERVEZA) y seguimos con / HITOTSU / (UNO) antes de / KUDASAI / (POR FAVOR).

/ KUDASAI / se usa para pedir algo y significa "póngame esto" o "déme esto, por favor". Es la palabra clave.

"¡Cerveza!", "¡Una, por favor!"

EJERCICIO: PRACTICA CON / KUDASAI /

Ahora estás en el bar en Japón y viene el camarero a atenderte. Pídele uno de cada con el término primero seguido de / KUDASAI /. Sigue la frase modelo de arriba.

/ (BEBIDA) ! HITOTSU KUDASAI ! /
¡Póngame una (bebida) !

/ NAMA BÍIRU /	UNA CERVEZA
/ HIGH BALL /	WHISKEY CON SODA
/ UISKII /	WHISKEY
/ NIHON SHU /	SAKE JAPONÉS
/ SOFTO DORINKU /	REFRESCO SIN ALCOHOL
/ KORE /	ESTO (SEÑALANDO)

La entrada en un bar tradicional empieza con un / IRASSHAI ! /. Es la expresión más habitual de bienvenida a un comercio. El camarero te preguntará si vas a pedir con un / GOCHÚUMON WA ? / o un / OKIMARI DES KA ? /.

/ IRASSHAI ! /
¡Pasen! ¡Bienvenidos!

/ GOCHÚUMON WA OKIMARI DES KA ? /
¿Ya sabe qué va a pedir?

/ TORIAÉSU BÍIRU /
De momento, ¡una cerveza!

/ HITOTSU ? /
¿Una (cerveza)?

/ HAI! HITOTSU KUDASAI ! /
¡Sí! ¡Una cerveza, por favor!

/ TORIAÉSU / significa "por el momento" y se usa cuando aún no sabes bien lo que vas a pedir a continuación. Solo sabes que quieres una cerveza / TORIAÉSU / (de momento).

TORIAESU
BÍIRU

Imagina que entras en un bar con dos amigos que no saben japonés. Muestra tu habilidad con el idioma y pide 2 cervezas (/ FUTATSU /) y UN HIGH BALL (/ HITOTSU /). La palabra clave es el contador para pedir uno, dos o tres:

/ HITOTSU /	un vaso
/ FUTATSU /	dos vasos
/ MIT,TSU /	tres vasos
/ KUDASAI /	por favor

/ IRASSHAI ! /
¡Pasen! ¡Bienvenidos!

/ GOCHÚUMON WA OKIMARI DES KA ? /
¿Ya sabe qué va a pedir?

/ HAI! NAMA BÍIRU, FUTATSU KUDASAI ! /
/ HIGH BALL, HITOTSU KUDASAI /
¡Sí! ¡Dos cervezas, por favor!
Y un High Ball, por favor.

/ HAI! OMACHI KUDASAI! /
Sí ¡Espere un momento (se la traigo)!

Empecemos a pedir comida mirando el menú y señalando con el dedo. Le pedimos primero si menú en inglés con / ARIMAS KA ? / (¿tiene?) y luego el poderoso / KORE / (esto) con el dedo.

/ EIGO NO MENIÚU, ARIMAS KA ? /
¿Tienen menú en inglés?

/ HAI! ARIMAS ! OMOCHI SHIMAS /
Sí, tenemos! Ahora se lo traigo.

/ KORE, HITOTSU KUDASAI /
De esto, póngame uno.

/ KORE, FUTATSU KUDASAI /
De esto, póngame dos.

/ KORE, MIT,TSU KUDASAI /
De esto, póngame tres.

/ SÚMIMASÉN /
Perdone (=gracias)

No encontrarás menú en inglés en comercios japoneses con pocos turistas a pie de calle o cerca de las estaciones. Verás los menús en las paredes y estarán escritos en kanji, sin ninguna imagen del plato.

Usa / OSUSUME, NAN DES KA ? / (¿Qué recomienda?) para pedir recomendación. Usa también la expresión / KORE, NAN DES KA ? / (¿Qué es esto?).

/ OSUSUME, NAN DES KA ? /
¿Qué me recomienda?

/ KORE, NAN DES KA ? /
¿Qué es esto?

/ KARAI DES KA ? /
¿Es picante?

/ WHISKEY, ARIMAS KA ? /
¿Tienen whiskey?

Esta puede ser tu experiencia más auténtica usando el japonés. Atrévete, sé claro y recuerda usar el abrelatas cultural si hace falta.

Veamos los ingredientes más comunes en platos japoneses. Veremos cómo preguntar qué lleva con / HAIT,TEMAS KA /, y qué es eso con / KORE, NAN DES KA? /. Mira la sección 2.7 para más detalles.

/ KORE, NAN DES KA ? /

¿Qué es esto?

/ TAKOWASA DES /

Es un takowasa.

/ WASABI, HAIT,TEMAS KA /

¿Lleva wasabi?

/ HAI, WASABI, HAIT,TEMAS /

Sí, lleva wasabi.

/ WASABI NUKI DE ONEGAI SHIMAS /

Quite el wasabi, por favor.

Nashí de Hait, temas Ka

"SIN..." y "LLEVA...", esencial para pedir.

EJERCICIO: PRACTICA PIDIENDO CON EL MENÚ

Ponte en situación. Observa la lista de tapas de abajo y pide varias tapas para ti y para tu acompañante. Recuerda pedir también un par de cervezas. Empieza por pedir el menú en inglés.

/ KARA AGUE /	pollo frito
/ TEMPURA MORIAWASE /	variedad de vegetales rebozados
/ EBI FURAI /	gambas fritas
/ NANKOTSU /	cartílago
/ EDA MAME /	judías verdes hervidas
/ UINNAA /	salchichas wieners
/ TSUKUNE /	albóndigas de pollo

KARA AGUE

TEMPURA

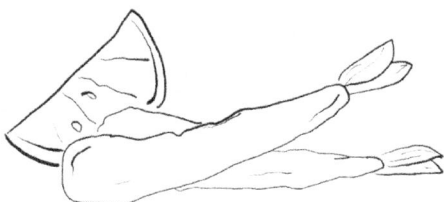

EBI FURAI

EDA MAME

2.9 COMPRAR EN UNA COMBINI

En las grandes ciudades de Japón encontrarás una combini (tiendas de 24 horas) en cada esquina. Cerca de 60.000 combinis pueblan las calles con las franquicias más populares de 7-Eleven, Family Mart y LAWSON. También verás que las combini son el lugar donde más extranjeros (en su totalidad estudiantes en escuelas de japonés) trabajan a tiempo parcial.

EXPRESIONES CLAVE

/ SÚMIMASÉN /	Disculpe
/ ONEGAI SHIMAS /	Por favor
/ HITOTSU KUDASAI /	Déme uno, por favor
/ IRIMASÉN /	No, gracias
/ DAIYÓOBU DESU /	Está bien así.
/ ATATAMEMAS KA /	¿Se lo caliento?
/ FUKURO WA YOROSHII DES KA ? /	¿Quiere bolsa?

Entras en la combini para comprar la caja de comida (BENTO) o sandwich. Coges el bento que más te guste y saludas con un / SÚMI-MASÉN / al dependiente mientras pones la caja en el mostrador.

/ SÚMIMASÉN /
Perdone

/ OKAIKÉE WA ROPPYAKU HACHIYUU EN DES/
Son 680 yenes.

/ FUKURO WA GORIYOU DES KA /
¿Quiere bolsa?

/ IRIMASÉN /
No la necesito.

/ ATATAMEMAS KA /
¿Le caliento la comida?

/ HAI /
Sí

/ POINTO KÁADO WA OMOCHI DES KA /
¿Tiene tarjeta de puntos?

/ IRIMASÉN /
No, gracias.

/ RESHIITO WA IRIMAS KA /
¿Quiere el recibo de compra?

/ ONEGAI SHIMAS /
Sí, por favor.

/ IRIMASÉN / = NO QUIERO

Fíjate en cómo se niega con / IRIMASÉN / a cada una de las preguntas que nos han hecho.

Usa / IRIMASÉN / para rechazar con un "no, gracias" en las tiendas y comercios.

/ ONEGAI SHIMAS / = SÍ, POR FAVOR

El auténtico sí, para aceptar algo, es con / ONEGAI SHIMAS / en este contexto.

/ ONEGAI SHIMAS / está literalmente pidiéndole (/ ONEGAI / significa "pedir un favor") que se cumpla lo pedido.

Sobrevive a la combini con "No, gracias" y "Por favor"

TOP 7 USOS DE LAS COMBINI EN JAPÓN ·················

Las combinis en Japón sirven para todo lo siguiente en caso de necesidad:

- Sacar dinero de los cajeros ATM con tarjetas de crédito.

- Descansar en las zonas EAT-IN con un café largo por 100 yenes (menos de un euro o dólar).

- Comprar ese pequeño snack para antes de dormir o para desayunar. El clásico es el MELONPAN (panecillo dulce de color amarillo o dorado que no sabe a melón).

- Comprar una caja de comida (/ BENTÓO /) para llevar al mediodía o para cenar en la habitación del hotel.

- Comprar cafés, bebidas alcohólicas, isotónicas y refrescos para sobrellevar mejor el calor o el frío del momento.

- Ir al lavabo gratis (importante).

- Ojear revistas y comprar algún que otro manga.
  En las combini se venden ediciones especiales; son los llamados Combini Comics por 500 yenes. Son tomos enormes y de portada blanda que compilan mangas clásicos.

Además, si te alquilas un coche para visitar el país encontrarás en las combinis pequeños aparcamientos en los que podrás parar para descansar, ir al baño, comer o reajustar el navegador del coche. Recuerda que en Japón no se puede aparcar en la calle y siempre hay que depender del párking de un comercio.

¿Se puede vivir sin una combini en Japón?

Sediento o somnoliento entras en la combini después de una larga salida en el duro invierno de Tokio. Buscas un café largo caliente y un lugar de descanso para tomártelo.

Veamos la conversación que tendremos con el dependiente:

/ SÚMIMASÉN /

Perdone

/ HOT,TO KÓOHÍI, RÉGUIRAA, HITOTSU KUDASAI /

Café caliente, tamaño normal (=regular),
póngame uno, por favor.

/ HOT,TO, RÉGUIRAA DES NE /

(Confirmo) Un café caliente, tamaño normal.

/ OKAIKÉE WA HYAKU EN DES /

La cuenta son 100 yenes.

/ POINTO KÁADO WA OMOCHI DES KA ? /

¿Tiene tarjeta de puntos?

/ IRIMASÉN /

No, gracias.

Te entregará un vaso de papel vacío, listo para poner bajo el surtidor de la máquina de café. Busca el botón de HOT y REGULAR para servirte un café caliente.

ORDEN PARA PEDIR UN CAFÉ ································

Tanto 7-Eleven como Family Mart o LAWSON tienen máquinas de café. Dirígete al mostrador y pide en este orden: nombre del café, caliente o frío, tamaño y número, más / KUDASAI /.

NOMBRE	TAMAÑO	CANTIDAD	KUDASAI
HOTTO KÓOHÍI	RÉGUIRAA	HITOTSU	KUDASAI
KAFÉ LATÉ	ÉERU SAISU	FUTATSU	KUDASAI

/ HOT,TO KÓOHÍI, RÉGUIRAA, HITOTSU KUDASAI /
Café caliente, tamaño normal (=regular),
póngame uno, por favor.

/ KAFÉ LATÉ, ÉERU SAISU, FUTATSU KUDASAI /
Café con leche, tamaño L (=grande),
póngame dos, por favor.

Entras acompañado a la combini con un amigo que no sabe japonés. Pídele al dependiente dos cafés de 100 yenes con / FUTATSU / (DOS) en lugar de / HITOTSU / (UNO) más / KUDASAI /. Recuerda usar / SÚMIMASÉN / para llamar su atención.

/ SÚMIMASÉN /
Perdone

/ HOT,TO KÓOHÍI, RÉGUIRAA, FUTATSU KUDASAI /
Café caliente, tamaño normal (=regular),
póngame dos por favor.

"¡Dos cafés calientes, por favor"

166

RECTIFICA TU PEDIDO

De repente tu amigo dice que no quiere un café largo y caliente sino un café con leche. Rectifica tu pedido con / IRIMASÉN / (no lo quiero) y repite el contenido.

/ A ! SÚMIMASÉN !
HOT,TO KÓOHÍI, IRIMASÉN /
Ah! Disculpe!
No quiero el café largo.

/ KAFÉ LATÉ, HITOTSU KUDASAI /
Póngame un café con leche.

/ SORE TO, HOT,TO KÓOHÍI, RÉGUIRAA, HITOTSU KUDASAI /
Y, un café largo, tamaño normal (=regular), póngame uno, por favor.

/ KAIKÉE WA NI HYAKU GO YUU EN DES /
(Confirma) Son 250 yenes.

Puedes ver la utilidad del / SÚMIMASÉN / y del / IRIMASÉN / en los comercios. Junto con / ONEGAI SHIMAS / podrás defenderte bien en Japón.

En todo Japón encontrarás los cuatro siguientes tipos de café, tanto en máquinas expendedoras como en cafeterías:

/ HOT,TO KÓOHÍI /

Del inglés, HOT COFFEE. Es un café largo caliente (una carga de expreso diluido con agua).

/ AIS KÓOHÍI /

Del inglés ICE COFFEE, es un café largo helado (una carga de expreso diluido con agua y hielo picado).

/ KAFÉ LATÉ /

De un término inglés, COFFEE LATTE, es el café con leche.

/ KAFÉ MOKA /

Fonetización a la japonesa del COFFEE MOCHA, un café con leche acompañado de un poco de chocolate.

No se sirve habitualmente el café expreso (café solo). El café cortado (expreso con un poco de leche) no es nada común en Japón.

A no ser que vayas a cafeterías especializadas te costará encontrar combinaciones de café con alcohol como lo es el carajillo (expreso con poco de brandy) en España.

Hot,to Kóohíi

Ais Kóohíi

2.10 ORIENTARSE EN LA ESTACIÓN DE TREN

Las estaciones, aeropuertos y hospitales son los lugares del mundo civilizado con más similitudes. En Japón no son una excepción y te sentirás cómodo en las estaciones. Solo te pueden impresionar su magnitud y complejidad de recursos pero no su dinámica.

La JR (Japan Railways) es el grupo de líneas de ferrocarril más grande de Japón. Las estaciones más visitadas tienen contacto con traductores de inglés por vía telefónica. Llegado el momento de crisis grave tendrás con quien hablar en inglés.

EXPRESIONES CLAVE

/ DOKO DES KA ? /	¿Dónde está?
/ USJ NI IKITAI DES /	Quiero ir a USJ
/ USJ DE TOMARIMAS KA ? /	¿Para en USJ?
/ NORIKAE ARIMAS KA ? /	¿Hay transbordo?
/ WASUREMONO DES ! /	¡Me he dejado algo!

Estamos en la estación de Osaka y nos dirigimos a las máquinas de billetes en la entrada de la estación. Impresionados por el mapa de líneas le preguntamos al personal de la estación que nos indique cómo llegar a USJ (Universal Studio Japan).

/ SÚMIMASÉN /
Perdone

/ USJ NI IKITAI DES /
Quiero ir a USJ.

/ ICHI BAN HÓOMU DES /
Es en el andén número 1.

/ NORIKAE, ARIMAS KA ? /
¿Hay transbordo?

/ HAI ! NISHIKUJOO DES /
/ NISHIKUJOO DE NI BAN HÓOMU DES /
Sí, es en Nishikujo.
(Transbordo) En el andén número 2.

/ ARIGATÓO GOSAIMAS /
Gracias

Atentos a / HÓOMU / (del inglés PLATFORM) y / NORIKAE / (transbordo o cambio de tren).

ANDENES Y NÚMEROS

Familiarízate con la palabra ANDÉN en japonés, / HÓOMU /, contracción del vocablo inglés PLATFORM, y estate atento a los núme ros delante de / HÓOMU / que indican cada andén.

/ ICHI BAN HÓOMU /	plataforma número 1
/ NI BAN HÓOMU /	plataforma número 2
/ SAN BAN HÓOMU /	plataforma número 3
/ YON BAN HÓOMU /	plataforma número 4

BAR NI IKITAI DES

NORIKAE ARIMAS KA?

Preguntando: "Quiero ir al bar.", "¿Hay transbordo?"

Estás esperando el tren en el andén en Osaka. Te abruman los carteles y las indicaciones. Se detiene un tren que crees irá a Namba pero tienes serias dudas. Preguntas al personal cerca de las vías con / TOMARIMAS KA ? / y / NORIKAE, ARIMAS KA ? /.

/ SÚMIMASÉN /
Perdone

/ KORE, NANBA NI IKIMAS KA /
¿Esto (el tren) va a Namba?

/ HAI ! IKIMAS ! /
Sí, va a Namba.

/ KORE, NANBA DE TOMARIMAS KA ? /
¿Esto (el tren) se detiene en Namba?

/ HAI ! TOMARIMAS ! /
Sí, se detiene.

/ NORIKAE, ARIMAS KA ? /
¿Hay transbordo? (o va directo)

/ ARIMASEN /
No hay (que hacer transbordo).

/ ARIGATÓO GOSAIMAS /
Gracias

Tanto / IKIMAS KA / (el tren va a) como / TOMARIMAS KA ? / (el tren para en) son dos formas muy similares de preguntar si el tren se detiene en dicha estación.

LAS EXPRESIONES ¿VA A ...? ¿PARA EN...?

Las dos palabras que más te interesa saber usar son los dos verbos de movimiento:

/ TOMARIMAS KA ? / ¿Para...?
/ IKIMAS KA ? / ¿Va...?

Ambos son verbos y se usan con diferentes partículas (o las preposiciones EN y A en japonés).

/ TOMARIMAS / se usa con / DE / (preposición "en").

/ OSAKA DE TOMARIMAS KA ? /
¿Esto (el tren) se detiene en Osaka?

/ IKIMAS / se usa con / NI / (preposición "a").

/ KOBE NI IKIMAS KA ? /
¿Esto (el tren) va a Kobe?

*"(El tren) para?", "Va a *tal lugar?"*

La red de ferrocarriles en Japón es compleja. Es difícil evitar el transbordo en la misma o en otras compañías (de JR a ferrocaril privado o a metro o tranvía). Es esencial confirmar si hay o no transbordo con / NORIKAE, ARIMAS KA ? /.

/ SÚMIMASÉN /

Perdone.

/ KORE, OSAKA NI IKIMAS KA ? /

¿Esto (el tren) va a Namba?

/ HAI ! IKIMAS ! /

Sí, va a Namba.

/ NORIKAE, ARIMAS KA ? /

¿Hay transbordo? (o va directo)

/ HAI, SHIN-OSAKA DE NORIKAE DES 2 (NI) BAN HÓOMU DESU /

Sí, hay transbordo en Shin-Osaka.

En el andén número 2.

Cuando te des cuenta de que te falta algo tendrás que ir a la sección de objetos perdidos o / WASUREMONO SENTAA / de la última estación en la que estuviste.

/ SÚMIMASÉN /
Perdone.

/ DENSHA DE WASUREMONO DES ! /
¡Olvidé un objeto en el tren!

/ WASUREMONO SENTAA, DOKO DES KA ? /
¿Dónde está
el centro de objetos perdidos?

/ ÉEGO, DAIYÓOBU DES KA ? /
¿Pueden hablar inglés?

/ ÉEGO DE ONEGAI SHIMAS /
En inglés, por favor.

En el centro de objetos perdidos te pondrán en contacto con un intérprete en inglés por vía telefónica. Tendrás que dar parte del objeto, el tren y la hora estimada.

Eego daiyoobu des ka

En Japón es muy probable que puedas recuperar ese objeto olvidado en un espacio público o en un medio de transporte.

Aunque el proceso de búsqueda en el centro de objetos perdidos, el / WASUREMONO SENTAA /, requiera paciencia, puedes confiar en que recuperarás el objeto.

/ PASPÓOTO, WASUREMASHTA ! /
¡Olvidé mi pasaporte!

PUNTUALIDAD ÚTIL

Los trenes en Japón no solo tienen fama de puntuales sino también de no esperar. Ten cuidado con el tiempo de parada en la estación que, en el caso del tren bala o SHINKANSEN, no supera el minuto exacto.

Esa puntualidad es de gran ayuda para saber cuál es tu tren. Antes que guiarte por los carteles o preguntando al personal, puede ser de más ayuda saber el minuto en el que sale y localizarlo en los carteles.

EL ÚLTIMO TREN

Los trenes en Japón terminan su servicios pronto. El último servicio suele terminar a las 11:40 y no se reinicia hasta las 5:00 a.m. Eso significa que tendrás que limitar tu área de actividad en bares y pubs a una distancia que puedas recorrer a pie, o asumiendo el pago de un costoso taxi al hotel.

CALCULA LAS RUTAS

Te recomiendo que uses el móvil para buscar las rutas por el nombre de la estación actual y por la estación destino. Descarga la aplicación para móviles de Japan Transit Planner. Tiene la gran ventaja de que está en español.

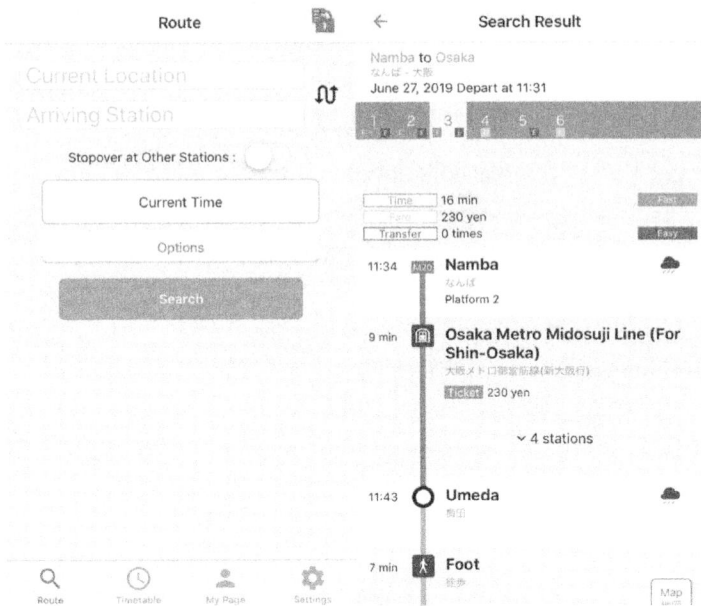

JAPAN TRANSIT PLANNER, app para iPhone

CUIDADO CON LOS CHIKAN

Si eres mujer en Japón deberás tener especial cuidado con los tocones o sobones. Son los llamados CHIKAN, pervertidos con el fetiche de frotar o tocar tus partes íntimas o fotografiar ropa interior de desconocidos en lugares públicos.

La persona que toca o fotografía con intención sexual es considerado un criminal y puedes (y debes) denunciarlo en el momento en el que te ocurra. Grita:

/ CHIKAN DES ! /

¡Un chikan!

Tanto mujeres asiáticas como occidentales son objeto de sus perversiones. Aprovecharán para tocarte por detrás, frotarse descaradamente contigo en las salidas y entradas, y fingir que recogen algo en el suelo para infiltrar una cámara por debajo de tu falda.

2.11 ORIENTARSE EN EL AUTOBÚS

En ciudades como Kioto te será inevitable usar el autobús para llegar a casi cualquier destino. La red de autobuses urbanos y privados es brutalmente compleja. Es la oportunidad perfecta para preguntar al conductor en japonés antes de subir y momentos antes de bajar.

Empecemos por leer en voz alta las expresiones claves que luego veremos en cada situación en tu viaje.

EXPRESIONES CLAVE

/ DOKO DES KA ? /	¿Dónde está?
/ KORE KIYOMISU DERA NI IKIMAS KA ? /	¿(Esto) va al templo Kiyomisu Dera?
/ USJ NI IKITAI DES /	Quiero ir a USJ.
/ USJ DE TOMARIMAS KA ? /	¿Para en USJ?
/ WASUREMONO DES ! /	¡Me he dejado algo olvidado!

La expresión más básica y esencial que te interesa aprender es "QUIERO IR A" en japonés. Es mucho más sencilla que en inglés.

/ IKITAI DES /
Quiero ir

/ IKITAI / se compone del verbo / IKI / (ir) y el sufijo / TAI / (quiero).

/ DES / es un decoro usado para hablar con formalidad.

Lo siguiente es aprender la preposición de lugar / NI / (a) para indicar el lugar al que queremos ir.

/ KINKAKUYI NI IKITAI DES /
Quiero ir al KINKAKUYI

Ahora usa esta estructura para expresar que quieres ir a los siguientes lugares.

/ (LUGAR) NI IKITAI DES /
Quiero ir a (lugar)

/ KINKAKUJI DE TOMARIMAS KA ? /
¿Para en el KINKAKUYI?

Siguiendo la misma lógica que con / IKITAI DES / podrás entender el uso de / TOMARIMAS KA ? / (¿Para en...?).

En este caso la preposición a usar es / DE / (en).

/ (LUGAR) DE TOMARIMAS KA ? /
¿Para en (lugar)?

Estás ante el conductor del autobús y quieres saber si el bus va a parar cerca de algún punto turístico de interés. ¿Cómo le preguntarás?

"¿Quiero ir a Arashiyama", "¿Para?"

Estás perdido y desorientado. No ves una parada de autobús. Tienes que preguntar al primero que pase por la calle o al dependiente de una combini o comercio cercano. Usa el poderoso / DOKO DES KA ? / y / BAS TÉE /:

/ SÚMIMASÉN /
Perdone

/ BAS TÉE, DOKO DES KA ? /
¿Dónde está la parada de autobús?

/ ASOKO DES ! /
¡Ahí está!

/ ARIGATÓO GOSAIMAS /
Gracias

En caso de que no sepan dónde está te responderán un SORRY o un / SÚMIMASÉN /. También es posible que salgan corriendo.

"¿Dónde está la parada de autobús?"

182

EJERCICIO ¿DÓNDE ESTÁ...?

Repite y practica la expresión / DOKO DES KA ? / con los siguientes lugares que probablemente necesites en la ciudad.

/ (LUGAR), DOKO DES KA ? /
¿Dónde está (lugar)?

/ EKI /	la estación
/ TAKSHII NORIBA /	la parada de taxis
/ BYÓO IN /	el hospital
/ KONBINI /	la combini
/ HOTERU /	el hotel
/ SUUPAA /	el supermercado

Estás en una parada de autobús llena de carteles con rutas y paradas que te confunden. Decides preguntar a alguien esperando cerca de ti en la parada. Usa / IKIMAS KA ? / (¿Va a?) y / NANBAN DES KA ? / (Qué NÚMERO) para identificar el bus.

/ SÚMIMASÉN /
Perdone

/ KORE, KIYOMISU DERA NI IKIMAS KA ? /
¿(Esto) va al templo Kiyomisu Dera?

/ CHIGAIMAS, IKIMASEN /
No, no va.

/ NANBAN DES KA ? /
¿Qué número es?

/ (13) YUU SAN BAN DES /
Es el número 13.

/ ARIGATÓO GOSAIMAS /
Gracias

"¿Va al Kiyomisu dera?"

Se abren las puertas, subes al autobús con serias dudas de si parará en tal templo. Pregúntale al con / IKIMAS KA ? / (¿esto va a?) o / TOMARIMAS KA ? / (¿esto para en?).

/ SÚMIMASÉN /
Perdone

/ KORE, KIYOMISU DERA NI IKIMAS KA ? /
¿(Esto) va al templo Kiyomisu Dera?

/ KORE, KINKAKUYI DE TOMARIMAS KA ? /
¿(Esto) para en el templo Kinkaku?

/ ARIGATÓO GOSAIMAS /
Gracias

185

2.12 CÓMO CONOCER A GENTE

Los japoneses muestran un gran interés por los extranjeros, especialmente aquellos que vienen de países occidentales. No perderán la oportunidad de curiosear tu nacionalidad, el idioma que hablas, qué haces en Japón y si puedes comer o hacer ciertas cosas. También aprovecharán para elogiar tu buen japonés.

Estas preguntas de perfil se la hacen a todo extranjero con el que hablen y son tan comunes en Japón que los extranjeros lo llamamos el cuestionario gaijin (= extranjero en japonés). Es una gran oportunidad para comunicarse en japonés e iniciar una amistad atendiendo primero a sus necesidades de saber quién eres.

EXPRESIONES CLAVE

/ ALFREDO DES /	Soy (me llamo) Alfredo.
/ HAYIME MASHTÉ /	Encantado
/ SUPEIN KARA KIMASHTA /	Vengo de España.
/ TONDEMO NAI DES ! /	En absoluto (negar)

Empezar con un saludo, / KÓN,NICHÍWA /, seguido de un buen "Encantado" , / HAYIME MASHTÉ /, es un clásico de libro de texto que en la vida real apenas ocurre en el mismo orden.

/ KÓN,NICHÍWA /
¡Hola!

/ HAYIME MASHTÉ /
Encantado.

/ ALFREDO DES /
Soy (me llamo) Alfredo.

/ SUPEIN KARA KIMASHTA /
Vengo de España.

Lo importante es decir el país o la nacionalidad. Es el dato por el que más curiosidad van a sentir. De hecho, será lo primero que te preguntarán. Fíjate en / OKUNI / (PAÍS) y el / YIN / (nacionalidad) en las preguntas:

/ OKUNI WA DOKO DES KA ? /
¿De qué país vienes?

/ AMERIKA YIN DES KA ? /
¿Eres estadounidense?

/ SUPEIN YIN DES KA ? /
¿Eres español?

Los japoneses son muy aduladores, tanto que rozan la hipocresía. Halagarán tu japonés con tan solo pronunciar / SÚMIMASÉN / o / KÓN,NICHÍWA /.

Lo hacen con la mejor intención pero esto suele crear situaciones cómicas. Observa lo que puede ocurrir al decir tu nombre.

/ KON,NICHIWA /

/ HAYIME MASHTÉ /

/ PEPE DES ! /

¡Hola!
Encantado
¡Soy Pepe!

/ NIHONGO, YÓOSU DES NE ! /

¡Qué bien hablas japonés!

/ NIHONGO, UMAI DES NE ! /

¡Qué bien hablas japonés!

Tanto / UMAI / como / YÓOSU / son formas de decir "bien" en el sentido de que algo se está haciendo con destreza y correctamente.

CÓMO RESPONDER AL ELOGIO ·

El elogio de / NIHONGO, YÓOSU DES NE ! / se usa tanto para el que sabe pronunciar / KON,NICHIWA / como el que habla perfecto japonés. El elogio se usa con el objetivo de socializar y crear un buen ambiente más que de sorprenderse por la habilidad de otro.

Responde al elogio con / TONDEMO NAI ! / (PARA NADA o EN ABSOLUTO).

/ NIHONGO, YÓOSU DES NE ! /
¡Qué bien hablas japonés!

/ TONDEMO NAI DES ! /
¡Para nada!

/ NIHONGO, UMAI DES NE ! /
¡Qué bien hablas japonés!

/ TONDEMO NAI DES ! /
¡En absoluto!

ELOGIAR SÍ PERO NO PIROPEAR

Los japoneses elogian constantemente y gustan de responder al elogio con humildad, normalmente negando con / TONDEMO NAI / ("en absoluto") o con una duda / SÓO KANA / ("lo dudo"). El elogio es una forma de complacer al otro y crear un ambiente agradable.

Elogian que hayas perdido peso, que lleves ropa bonita o que seas trabajador, una persona responsable. El elogio es muy común.

/ NIHONGO, YÓOSU DES NE ! /
¡Qué bien hablas japonés!

/ TONDEMO NAI /
En absoluto / Para nada

Sin embargo, el piropo de un hombre a una mujer destacando atributos sexuales no es común en Japón. Este piropo está asociado a hombres sin modales.

Es la imagen del / CHARAO / o / CHARAKO /. Chicos y chicas de fiesta con una conducta promiscua. Es una falta al respeto y tendrás que tener cuidado.

APRENDE A ELOGIAR EN JAPONÉS

Las expresiones recomendables para destacar los atributos femeninos o masculinos sin quedar mal son / KAWAII /, / KAK,KO II/, / SUGOI / y / NIAT,TE MASU /.

/ KAWAII /	¿Qué bonita?
/ KAK,KO II/	¿Qué cool?
/ NIAT,TE MASU /	¡Qué bien te queda!
/ SUGOI /	¡Increíble!

Elogios para socializar.

Veamos en detalle el cuestionario del extranjero. Son las preguntas que los japoneses te harán en cada encuentro (¡Sin falta!). Vale la pena memorizarlas.

/ KON,NICHIWA /
¡Hola!

/ NIHONGO, DAIYÓOBU DES KA ? /
¿Puedes hablar en japonés?

/ CHOT,TO DAIYÓOBU DES /
Un poco, puedo.

/ OKUNI WA DOKO DES KA ? /
¿De dónde eres?

/ SUPEIN YIN DES /
Soy español.

/ RYOKÓO DES KA ? /
¿Estás de viaje (turista)?

/ HAI ! /
¡Sí!

/ NIHON WA DÓO DES KA ? /
¿Qué te parece Japón?

/ TANOSHII DES /
¡Divertido!

Los japoneses querrán saber de dónde vienes, qué haces en el país, qué opinas de Japón y elogiar tu japonés. Es una buena forma de iniciar una conversación con la información que más quieren saber.

Veamos las preguntas una a una. Esta es una de las partes más importantes de tu aventura con el japonés por la interacción real.

/ NIHONGO, DAIYÓOBU DES KA ? /

¿Puedes hablar en japonés?

/ CHOT,TO DAIYÓOBU DES /

Un poco, puedo.

"¿Puedes hablar japonés?" se pregunta con / DAIYÓOBU DES KA ? /, que significa "¿Tienes problemas con...?". No se usa el verbo hablar. Por ello respondemos con otro / DAIYÓOBU DES /.

/ NIHONGO, YÓOSU DES NE ! /

¡Qué bien hablas japonés!

/ TONDEMO NAI DES ! /

¡Para nada!

/ NIHONGO, UMAI DES NE ! /

¡Qué bien hablas japonés!

/ CHOTTO DES ! /

¡Solo (lo hablo) un poco!

/ YÓOSU DES NE ! / y / UMAI DES NE ! / son dos formas de decir "¡Qué bien haces algo!". Responde con un humilde / TONDEMO NAI DES ! / en señal de humildad.

En cuanto vean que sabes decir / DAIYÓOBU DES / se sorprenderán e inmediatamente elogiarán tu japonés.

PREGUNTA: ¿DE DÓNDE ERES?

Veamos tu nacionalidad para responder a la pregunta más frecuente de "¿De dónde vienes?", / OKUNI WA DOKO DES KA ? / y sus variaciones. Es la pregunta más frecuente.

/ OKUNI WA DOKO DES KA ? /
¿De dónde eres?

/ SUPEIN YIN DES /
Soy español.

/ OKUNI / es el término respetuoso para hablar de "su país". Literalmente te preguntan que dónde está ubicado tu país.

PREGUNTAS CON / DES KA ? /

Atento a / DES KA ? / en la conversación porque es así como terminan todas las preguntas formales en japonés.

/ DES / es el verbo SER y, como no hay conjugaciones, se puede usar con cualquier persona.

Observa cómo el mismo / DES / se puede usar para las personas YO, TÚ (o usted) y ÉL o ELLA.

/ SUPEIN YIN DES /	Soy español
/ SUPEIN YIN DES KA ? /	¿Eres español?
/ ALFREDO SAN SUPEIN YIN DES /	Alfredo es español.

SUPEIN YIN DES KA?

HAI! SUPEIN YIN DES

"¿Eres español?", "¡Sí! Soy español."

PREGUNTA: TU NACIONALIDAD EN JAPONÉS ··········

La siguiente pregunta es una variación muy común. Aparece el interrogativo / DOKO / o / DOCHIRA / ("DÓNDE") y el verbo / KIMASHTA KA / para preguntar "¿HAS VENIDO?".

/ DOCHIRA KARA KIMASHTA KA /
¿De dónde has venido?

/ DOKO KARA KIMASHTA KA /
¿De dónde has venido?

/ SUPEIN YIN DES /
Soy español.

Para responder con tu nacionalidad usa el país más el sufijo / YIN / (PERSONA).

/ MEKÍSHIKO YIN DES /
Soy mexicano.

/ SUPEIN YIN DES /
Soy español.

/ ARUSENCHIN YIN DES /
Soy argentino.

/ CHIRI YIN DES /
Soy chileno.

/ KOROMBIA YIN DES /
Soy colombiano.

/ PERÚU YIN DES /
Soy peruano.

PREGUNTA: ¿PUEDES O NO PUEDES? ·····················

En japonés hay muchas formas de preguntar "¿Puedes?". La más sencilla y usada es con / OK,KÉE DES KA /, del término inglés OK.

Puedes responder con el mismo / OK,KÉE DES / o con un buen / DAIYÓOBU DES / ("No hay problema").

/ NATTÓO WA OK,KÉE DES KA /
¿Puedes comer Natto?

/ DAIYÓOBU DES /
Sí, puedo (no hay problema).

/ WASABI WA OK,KÉE DES KA /
¿Puedes comer el picante wasabi?

/ OK,KÉE DES /
Sí, OK.

Daiyoobu des

OK, Kée des

Dos formas de decir "no se preocupe" o "no hay problema".

PREGUNTA: TE GUSTA O NO TE GUSTA

Pasemos ahora a ver cómo decir "Me gusta" y "No me gusta". Usamos / DAISUKI / para decir que te encanta y / KIRAI / para decir que algo no te gusta. Siempre lo usamos al final de la frase.

/ NATTÓO, KIRAI DES ! /
¡Odio el Natto!

/ NATTÓO, DAISUKI DES ! /
¡Me encanta el Natto!

El natto es un plato apestoso de judías fermentadas con una telaraña viscosa que recuerda en apariencia al queso fundido. Es uno de los platos más odiados por los extranjeros y, como ellos lo saben, tendrán curiosidad.

"No me gusta", "Me gusta"

En todo idioma nos interesa decir que no sabemos mucho. Para eso usamos el / CHOT,TO WAKARIMASEN /, para pedir que nos hablen en inglés.

Cuando veas necesario cambiar el idioma, de japonés a inglés o español, di lo siguiente.

/ SÚMIMASÉN /
Perdona.

/ CHOT,TO WAKARIMASEN /
No entiendo mucho (japonés).

/ ÉEGO DE ONEGAI SHIMAS /
En inglés, por favor.

Damos una disculpa con / SÚMIMASÉN / seguida de / CHOT,TO WAKARIMASEN / que significa "no entiendo mucho" y rima con / SÚMIMASÉN /.

/ ONEGAI SHIMAS / es como pedimos favores y rogamos que se cumpla lo que exigimos. En este caso significa "Por favor".

"¡En inglés, por favor!"

En la barra del bar tendrás oportunidades de hablar. Te pasarán el cuestionario para empezar y, después, podrás entrar invitando o comentando lo que vas a tomar con el siguiente japonés.

/ KANPAI ! /
¡Salud!

/ BÍIRU NOMIMAS KA ? /
¿Quieres tomar una cerveza?

/ POTECHI TABEMAS KA ? /
¿Quieres comer patatas?

/ CHIGAU BARU IKIMAS KA /
¿Quieres ir a otro bar?

Usamos la pregunta con los verbos / NOMIMAS KA ? / (¿Bebes?) y / TABEMAS KA ? / (¿Comes?) para invitar al otro a tomar o comer.

Úsalo para brindar.

201

EMERGENCIAS Y ACCIDENTES

Veamos la información de utilidad en caso de que ocurra algún accidente o te veas en alguna emergencia.

Lo primero que debes hacer al presenciar algo extraño es ponerte en contacto con la policía, ambulancia o bomberos desde tu propio teléfono. Marca cualquiera de los siguientes números.

SERVICIOS DE EMERGENCIA EN JAPÓN

- POLICÍA: 110
- AMBULANCIA: 119
- BOMBEROS: 119

SITUACIÓN
ALGUIEN APUÑALADO POR UN YAKUZA

¿Qué pasaría si ocurre un accidente durante tu visita turística en Shibuya en Tokio, Gion en Kioto o Nankinmachi en Kobe?

Llega a tus oídos la voz agonizante de un señor que ha sido apuñalado por dos yakuzas en un pequeño callejón de la ciudad. En ese momento te ves en la imperiosa necesidad de llamar a la ambulancia, policía o a los bomberos, pero resulta que estás en Japón y no sabes más japonés que el turístico. ¿Qué harías en tal situación?

- Buscar o esperar a que pase alguien que sepa japonés.
- Aprovechar la debilidad del señor para robarle la cartera.
- Llamar con tu móvil a la policía y ambulancia.
- Seguir con tu viaje fingiendo que no has visto nada.

Suponiendo que no aparece nadie más que sepa japonés y que has elegido la tercera opción de llamar tú mismo a algún servicio, te encontrarás con la gran barrera idiomática. Ni policías, ni bomberos ni auxiliares de ambulancias en Japón tienen que hablar inglés como parte de su trabajo y, para colmo, las clases de inglés que recibieron en los casi 8 años de inglés como asignatura obligatoria en la escuela no les habrán servido para comunicar más que "Hello! I am fine. Thank you.".

Recuerda que el señor está en el suelo sangrando. El tiempo juega en tu contra. ¿Qué puedes hacer para ayudarle?

OPCIÓN 1 LLAMA A LA POLICIA DIRECTAMENTE ·······

En caso de emergencia llama a la policía marcando 110, o ambulancia con 119, y les sueltas alguna de las siguientes frases de auxilio. Si esperas unos 30 segundos en la llamada lograran localizar el lugar en el que estás.

/ KYUU KYUU SHA YONDE KUDASAI /
Envíen una ambulancia.

/ KEIKAN YONDE KUDASAI /
Envíen a un agente de policía.

Ambulancia en japonés se pronuncia como dos QQ en inglés y un SHA. Tiene buena rima. Prueba a cantarlo. "QQSHA! QQSHA!".

Aprende la expresión / YONDE KUDASAI / (avise + por favor).

/ KAYI DESU /
Hay un incendio.

Explícales que no puedes hablar japonés con un simple "NO JAPANESE. SORRY". Es la forma más directa y simple.

NO JAPANESE, SORRY
No japonés, disculpe.

Como medida desesperada, te recomiendo que le pases el teléfono conectado con la policía al primer japonés o persona que parezca que maneja bien el idioma a tu alrededor.

OPCIÓN 2 LLAMA AL SERVICIO DE TRADUCCIÓN......

Llamar al servicio de interpretación (japonés-inglés) en caso de emergencia. Hay dos números que te pueden interesar.

TELF. 03-5285-8185
Emergency Medical Interpretation Service
(abierto de 9 a 22, atienden en inglés y español)

TELF. 03-3501-0110
Tokyo English-Speaking Police
(abierto las 24 horas)

En la región de Tokio hay un servicio de interpretación con atencíon en inglés para atender llamadas a la policía las 24 horas del día. Podrás comunicar en inglés la situación que estés viviendo.

Otro gran servicio disponible es el de interpretación en inglés y español para llamadas con emergencias médicas. El servicio está abierto de 17:00 a 22:00 entre semana y de 9:00 a 22:00 los fines de semana.

LOS AUTORES

KIRA SENSEI, EL DIVULGADOR ···

Kira Sensei ha vivido 13 años en Japón, casado con una japonesa y con dos hijas. Es profesor de idiomas, psicólogo y amante de la cultura japonesa. Se dedica a la divulgación del idioma y sociedad japonesa en las redes desde el 2007.

DARMA, EL ILUSTRADOR ···

Colaborador y compañero de divulgación con Kira Sensei, interpreta a Fasedos (el estado mental más indignado con la cultura japonesa) y a Foland (consejero de amor con japoneses).

VISITA LA WEB PARA JAPONÉS ONLINE

En la web de Kira Sensei podrás encontrar más de 700 lecciones gratuitas para aprender japonés a tu ritmo con estructura y ejercicios.

WWW.KIRA-TEACHINGS.COM

DUDAS, PREGUNTAS Y SUGERENCIAS

Ponte en contacto directo con Kira a través del email de abajo.

KIRATEACHINGS.JAPAN@GMAIL.COM

Printed in Great Britain
by Amazon

63233696R00119